Félix Lope de Vega y Carpio

Amor, pleito y desafío

Barcelona **2024**
Linkgua-ediciones.com

Créditos

Título original: Amor, pleito y desafío.

© 2024, Red ediciones S.L.

e-mail: info@linkgua.com

Diseño de cubierta: Michel Mallard.

ISBN tapa dura: 978-84-9897-283-2.
ISBN rústica: 978-84-9816-166-3.
ISBN ebook: 978-84-9897-115-6.

Cualquier forma de reproducción, distribución, comunicación pública o transformación de esta obra solo puede ser realizada con la autorización de sus titulares, salvo excepción prevista por la ley. Diríjase a CEDRO (Centro Español de Derechos Reprográficos, www.cedro.org) si necesita fotocopiar, escanear o hacer copias digitales de algún fragmento de esta obra.

Sumario

Créditos _____ 4

Brevísima presentación _____ 7
   La vida _____ 7

Personajes _____ 8

Jornada primera _____ 9

Jornada segunda _____ 49

Jornada tercera _____ 89

Libros a la carta _____ 133

Brevísima presentación

La vida

Félix Lope de Vega y Carpio (Madrid, 1562-Madrid, 1635). España.

Nació en una familia modesta, estudió con los jesuitas y no terminó la universidad en Alcalá de Henares, parece que por asuntos amorosos. Tras su ruptura con Elena Osorio (Filis en sus poemas), su gran amor de juventud, Lope escribió libelos contra la familia de ésta. Por ello fue procesado y desterrado en 1588, año en que se casó con Isabel de Urbina (Belisa).

Pasó los dos primeros años en Valencia, y luego en Alba de Tormes, al servicio del duque de Alba. En 1594, tras fallecer su esposa y su hija, fue perdonado y volvió a Madrid.

Entonces era uno de los autores más populares y aclamados de la Corte. La desgracia marcó sus últimos años: Marta de Nevares una de sus últimas amantes quedó ciega en 1625, perdió la razón y murió en 1632. También murió su hijo Lope Félix. La soledad, el sufrimiento, la enfermedad, o los problemas económicos no le impidieron escribir.

Personajes

Don Álvaro de Rojas, padre de doña Beatriz
Don Enrique
Don Juan de Aragón
Don Juan de Padilla, galán
Don Pedro de Ávalos
Doña Ana, prima de don Juan de Padilla
Doña Beatriz
El conde de Haro
El rey don Alfonso
Francisco, criado
Leonor, criada
Martín, escudero
Sancho, criado
Tello, criado

Jornada primera

(Salen don Álvaro, anciano con un báculo, y don Juan de Padilla.)

Padilla	Advierta vusiñoría...
Álvaro	Yo no tengo que advertir.
Padilla	Pues ¿por qué no me ha de oír, por su honor y en cortesía?
Álvaro	¿Sabéis que esta casa es mía?
Padilla	Sí, señor.
Álvaro	¿Sabéis quién soy?
Padilla	Sé que tan lejos estoy de hacerle agravio, que apelo de vuestro engañado celo, y justas quejas os doy.
Álvaro	La que yo tengo de vos, don Juan de Padilla, fuera menos grave cuando hubiera la misma edad en los dos.
Padilla	Mi inocencia sabe Dios.
Álvaro	Si el báculo fuera espada, ya estuviera castigada, Padilla, vuestra malicia.
Padilla	A ser vara de justicia,

          yo sé que oyera informada.

Álvaro
          Yo soy Rojas tan bueno
como cuantos Dios crió.

Padilla
          Lo mismo defiendo yo.

Álvaro
          Por lo menos ya condeno,
siendo de mi casa ajeno,
el hallaros en mi casa.

Padilla
          ¿Qué ley el respeto pasa?

Álvaro
          La ley santa de tener
hija, que puedo temer
que por su gusto se casa.

Padilla
          Si yo supe que tenía
unas reliquias, que son
para el mal de corazón,
y a pedírselas venía,
¿qué afrenta o descortesía
halláis en la buena fe
con que en vuestra casa entré?

Álvaro
          ¿Reliquias para esos males
en casas tan principales?

Padilla
          Pues, señor, ¿qué agravio fue?

Álvaro
          Allá por los monasterios
se buscan las cosas santas,
    que en mi casa no habrá tantas
para tan altos misterios;

| | afrentas y vituperios
             hácense en las casas viles. |
|---|---|
| Padilla | Que tú mismo la aniquiles
me ha causado admiración. |
| Álvaro | ¡Qué buen mal de corazón!
¡Qué disculpas tan sutiles!
   Aquí no se ha de venir
por reliquias para él,
por corazón sí, que en él
puedo valor infundir;
aquí se pueden pedir
lanzas, paveses y espadas
de tantas guerras pasadas,
que aun las hay, gracias a Dios,
para mozos como vos,
a buena mano enseñadas. |
| Padilla | De suerte estáis enojado,
que pienso que mi razón
no os dará satisfacción. |
Álvaro	Pues ¿qué razón me habéis dado?
Padilla	Soy yo caballero honrado.
Álvaro	Sois Padilla.
Padilla	Soy igual
a vuestra sangre.
Álvaro	Sois tal
que podéis honrarme.

Padilla   Oíd
un gran remedio.

Álvaro   Decid.

Padilla   Si habéis presumido mal...

Álvaro   Ya os escucho.

Padilla   ...dadme luego
por mujer a mi señora
doña Beatriz. Si ella agora
quiere admitir lo que os ruego,
quedará todo en sosiego,
y yo con ella casado.

Álvaro   ¡Buen remedio habéis hallado
para el mal de corazón,
si éstas las reliquias son
que en mi casa habéis buscado!
   Siendo quien soy, ¿cómo puedo,
sin la licencia del rey,
pues el ser tan noble es ley
por quien obligado quedo?
Pedídsela, y yo concedo
en que Beatriz vuestra sea,
porque se temple o se crea
vuestro mal de corazón.

Padilla   Yo sé que en esta ocasión
el rey mi aumento desea,
   que no ha tenido soldado
que le sirva como yo.

Álvaro	Id a hablarle.
Padilla	El cielo dio dulce fin a mi cuidado; agora a esos pies echado...
Álvaro	Teneos, don Juan, que no es justo sin saber del rey el gusto.
Padilla	Dios os guarde hasta que os den nietos mis nietos.

(Vase.)

Álvaro	¡Qué bien!
	Quitado se me ha el disgusto.
	  Bien es verdad que el pedir
	que hable al rey achaque ha sido,
	que aunque es don Juan bien nacido,
	y no se puede decir
	  que es mejor ningún hidalgo
	y caballero en la corte,
	voy por diferente norte
	y de otra excusa me valgo.
	  Es pobre, y es el menor
	de su casa, y en la mía
	bajeza parecería,
	y más sospechando amor.

(Sale doña Beatriz y Leonor [hablando aparte].)

Beatriz	(Parece que es ido ya.)

Leonor	(Sí, señora, ya se fue.)
Beatriz	(¿Cómo, Leonor, le hablaré, si tan enojado está?)
Leonor	(Finge que lo estás con él.)

(A su padre.)

Beatriz	Quisiera en esta ocasión relevar mi sujeción de tu término cruel. No sé si tu entendimiento tiene el valor que solía, pues ya tu honra y la mía pone en tanto detrimento. ¿Era don Juan de Padilla tan vil, ya que quiso entrar, que aquí no pudo tomar honestamente una silla? ¿Hasle visto alguna vez ni pasear mi ventana? Que de una cosa tan llana yo quiero hacerte juez. Pues si es ésta la primera, ¿cómo le has reñido ansí? Que se ofendiera de ti, si quien es don Juan no fuera; ¿es bien que hablen de los dos en palacio de este modo?
Álvaro	Yo tendré culpa de todo, ríñeme tú; bien, por Dios.

Beatriz	¿Era mucho que viniera por unas cartas aquí, que hoy a mi prima escribí, y esta visita me hiciera?
Álvaro	¿Por cartas vino?
Beatriz	Leonor, di tú en esto la verdad.
Leonor	Y con cuánta honestidad, que yo se las di, señor.

Álvaro	Santa serás a mi cuenta,
	Beatriz, si esas cartas son
	para el mal de corazón
	de que don Juan se lamenta;
	  por reliquias me decía
	que vino para este mal,
	tú por cartas; ¡oh qué igual
	disculpa, por vida mía!
	  Concertaos en disculparos,
	aunque ya no habrá ocasión.

Beatriz	Tan ciertas entrambas son,
	que son los efectos claros.
	  Cuando las cartas le di,
	unas reliquias me vio,
	lo que eran me preguntó
	y «reliquias» respondí.
	  Díjome que padecía
	en el corazón dolor,
	¿fue dárselas mucho error,
	o fue justa cortesía?

Álvaro	Dejará el mar de tener
agua, el campo hierba y flores,
primero que en sus errores
falte disculpa a mujer.
Ahora bien, él te pidió,
y yo al rey le remití,
estas reliquias le di,
que también las tengo yo.
Mas como en esta ocasión
sin esta licencia venga,
aunque más reliquias tenga,
tendrá mal de corazón.

(Vase.)

Beatriz	Cogido nos ha en la liga.
Leonor	¿Para qué te disculpabas?
Beatriz	Corrida estoy.
Leonor	Ya que dabas
disculpa, a que no te obliga,
pintárasle tu valor,
discreción y honestidad.
Beatriz	No sabe tratar verdad,
cuando es verdadero, amor,
pero si de haber errado
nace casarnos los dos,
nunca, Leonor, me dé Dios
suceso más acertado.

Leonor	¿Podréte pedir aquí que si te casas me des a su escudero?
Beatriz	Después hablaré a don Juan en ti.
Leonor	También yo tengo por él cierto mal de corazón.
Beatriz	Reliquias del cielo son, y amor veneno cruel. No hay corazón descontento que no salga consolado en poniéndole en el lado reliquias de casamiento.

(Vanse. Salen don Juan de Padilla y Martín, escudero suyo.)

Padilla	Yo tiemblo de hablar al rey en materia de casar, viniendo de pelear.
Martín	Pues ¿hay en el mundo ley que te lo puede estorbar?
Padilla	Por la guerra quise honrarme, de que Alfonso tantas tiene; si la opinión me conviene de ser soldado, el casarme mal a propósito viene.
Martín	Antes muy bien.

Padilla   ¿De qué modo?

Martín   Porque guerra y casamiento
es un propio pensamiento;
todo es guerra, y si lo es todo,
no sales del mismo intento.
   Pero si por ser soldado
y gallardo capitán,
con la opinión que te dan
la batalla del Salado
y la toma de Almazán,
   no quieres darle ocasión
a que entienda que la espada
cuelgas cuando va a Granada,
oye un consejo, en razón
de tu vergüenza engañada:
   don Juan de Aragón, que priva
con el rey, se lo dirá,
licencia el rey te dará,
que no está agora tan viva
la guerra.

Padilla   Harto viva está,
   pero yo le serviré
casado, si el rey quisiere,
donde la jornada hiciere.

Martín   Él viene.

Padilla   Yo le hablaré.

Martín   ¿Dónde quieres que te espere?

Padilla   Aquí te puedes estar.

Martín	Tiene don Juan de Aragón
justa fama y opinión;
no puedes hombre buscar
de mayor satisfacción;
es gallardo caballero.
Padilla	Espero con su favor
gozar de Beatriz.
Martín	Leonor
me mata; a tu sombra quiero
casarme también, señor;
basta el tiempo que he traído
las armas, pues no me han dado
oficio que haya intentado.
Padilla	El haberle merecido,
Martín, te le habrá quitado.

(Sale don Juan de Aragón.)

Juan	Yo le hablaré después con mucho gusto.
Padilla	Por buen agüero tomo la respuesta
de lo que aun no sabéis, puesto que es justo.
Juan	Mi voluntad su afecto os manifiesta.
Padilla	Si no tenéis acaso por disgusto
hablar al rey, aunque es la causa honesta,
quiero decir que es fácil, hoy querría
le hablásedes por mí y en cosa mía.

Juan	Ya, don Juan de Padilla, estaréis cierto del deseo que tengo de serviros.
Padilla	Siempre me hacéis merced, y así os advierto, sin que de nuevo intente persuadiros, que trato de casarme, y que el concierto, después de muchas ansias y suspiros, hoy hice con el padre de mi dama.
Juan	No hay otro mayor bien para quien ama.
Padilla	Sois tan galán que os hablo en mis congojas. Finalmente licencia del rey falta; ésta pide don Álvaro de Rojas; mirad si es prenda generosa y alta. Podréis decirme vos: ¿tú, que despojas tanto moro andaluz, cuando se asalta fuerte o ciudad, sin ánimo te hallas? Ay, sí, que tiene amor flacas batallas. No me atrevo del rey a la grandeza, que le hablo pocas veces y muy poco, y aunque me dio valor naturaleza, solo en cosas marciales me provoco. Habladle vos, que a mí, que la belleza de mi esposa Beatriz me vuelve loco, no me ha dejado amor entendimiento, y tal estoy que de sentir no siento.
Juan	Yo os he entendido ya, decidme luego si queréis otra cosa.
Padilla	Solo os pido esta licencia.

Juan   Adiós.

Padilla   Al cielo ruego
os dé lo que tenéis tan merecido.

Martín   ¿Tan presto negociaste?

Padilla   Estoy tan ciego
que no tengo discurso conocido.

Martín   Mira que en dulce fin de tus amores
me has de dar a Leonor.

Padilla   Y mil Leonores.

(Vanse Juan de Padilla y Martín.)

Juan   ¡Qué bien que deja puesta mi esperanza,
amando yo a Beatriz tan tiernamente!
¿Quién pide con tan necia confianza
que con el rey su casamiento intente?
¡Oh milagro de amor, que cuando alcanza
que de aquesta licencia se contente
don Álvaro, me avisa el que la adora,
para que para mí la pida agora?
   No me obligué ni la palabra he dado;
solo le respondí: «Yo os he entendido».
Con que ni la quebré ni me ha obligado
a cumplir lo que a nadie he prometido.
Mía serás, ¡oh Sol de mí adorado!;
amanece en la noche de tu olvido,
que no has de ser Padilla si yo puedo.
Viva Aragón, pues en amor le excedo;
   Dos Juanes te pretenden, Beatriz bella:

el uno es Aragón, aunque en Castilla,
Padilla el otro, con mejor estrella;
merézcate Aragón, y no Padilla.
¡Ay Dios! si tiene la licencia della
navego en vano, moriré a la orilla,
pero si tengo la del rey, que espero,
cayó la suerte en Aragón primero.

(Salen el rey don Alfonso, don Álvaro y acompañamiento.)

Alfonso   Bien podéis publicar que mi jornada
a Galicia ha de ser a coronarme,
que la corona y la dichosa espada
la imagen de su apóstol ha de darme;
suspéndase la guerra de Granada,
aunque salgan los moros a inquietarme,
que de sus lanzas quemaré la selva
cuando a Castilla de Galicia vuelva.

Álvaro   Espero en Dios que las doradas cruces
pondrás en las alfombras y alcazabas
si las gentes a ejército reduces,
con que el verano a Córdoba pasabas;
no presuman los moros andaluces
que las empresas de tu gloria acabas
en tu mejor edad.

Alfonso   No harán si puedo,
aunque atrevidos bajan a Toledo.
  Presto a Valladolid daré la vuelta,
si quiere Dios y el capitán divino,
que, con la capa militar revuelta
y levantado el temple diamantino,
esta canalla, en polvo y sangre envuelta,

	por el tributo de nombrarle indigno,
	desterró para siempre desta tierra
	por quien le apellidamos en la guerra.

Juan   A solas quisiera hablarte
                si ocupaciones te dejan.

Alfonso   Retiraos todos.

(Retíranse don Álvaro y acompañamiento.)

                            ¿Qué quieres?

Juan   Respetando tu grandeza,
                nunca te dije, señor
                (desconfianza bien necia),
                cierto pensamiento mío.

Alfonso   Tu culpa, don Juan, confiesas.

Juan   He tratado de casarme.

Alfonso   Es fuerza; ¡dichosa empresa!

Juan   ¿Qué llamas fuerza?

Alfonso   De amor,
                que las demás no son fuerzas.

Juan   Todo se junta a obligarme,
                porque entran en competencia
                amor y comodidad.
                Tan justa igualdad profesan.
                Tu licencia es lo primero,

	y luego, señor, con ella mandar que me dé su padre (que está aquí) mi amada prenda.
Alfonso	De los que aquí están, don Juan, no puede ser que otro sea que don Álvaro de Rojas, y si es él, en todo aciertas. ¿Callas? luego yo también acierto en lo que deseas. ¡Hermosa dama es Beatriz!
(A don Álvaro.)	Don Álvaro.
Álvaro	Señor.
Alfonso	Llega.
Álvaro	¿Qué mandas?
Alfonso	Nunca los reyes largos prólogos emplean en lo que mandan y es justo.
Álvaro	Ni pudiera en mi obediencia haber resistencia alguna a cosa que tú quisieras.
Alfonso	Dale a don Juan tu Beatriz.
Álvaro	Su virtud y su nobleza lo merecen; pero es pobre y vuestra alteza pudiera honrarle de algún oficio, pues le ha servido en la guerra;

           que no está, como tú sabes,
           tan descansada mi hacienda
           que pueda yo sustentar
           a un yerno pobre con ella.
           Es don Juan gran caballero;
           en la venturosa empresa
           del Salado te sirvió
           con hazañas que hoy se cuentan;
           hazle merced.

Alfonso   Di, don Juan,
           ¿tú eres pobre?

Juan   Bien lo fuera
           para igualar a Beatriz
           por hermosura y nobleza;
           pero en lo demás yo tengo,
           como su mano merezca,
           con que vivamos los dos.

Alfonso   Pues ¿qué tienes por pobreza?

Álvaro   Señor, pensé que mandabas
           que mi hija Beatriz diera,
           no a don Juan de Aragón,
           que está agora en tu presencia,
           sino a don Juan de Padilla,
           cuya nobleza es tan cierta
           como su necesidad,
           ni ha sido mucho que tengan
           la culpa los mismos nombres.

Alfonso   Yo me serviré que entiendas
           que es a don Juan de Aragón,

       y porque en provecho sea
       el haberte equivocado,
       al de Padilla, haga cuenta
       que es memorial remitido
       de mi Consejo de Guerra.
       Dile, don Juan, a don Juan
       me acompañe a Compostela,
       que le quiero hacer merced.

(Vanse el rey, don Álvaro y acompañamiento.)

Juan   Está cierto que la emplea
       justamente en su valor;
       ¡ay divina diligencia,
       madre de la buena dicha!

(Salen don Juan de Padilla y Martín.)

Padilla   Solo está.

Martín   Si lo está, llega.

Padilla   ¿Hablaste a su alteza?

Juan   Hablé,
       don Juan, agora a su alteza,
       y dice que le acompañes
       a Galicia, que a la vuelta
       te dará, en Valladolid,
       con mil mercedes, licencia;
       que está muy agradecido
       a tus servicios, y en prueba
       de esta verdad, dio también
       a don Álvaro en respuesta

	que aceptaba el memorial.
Padilla	Deja, Aragón noble, deja que ponga en tus pies la boca, que desde aquí, yo y mi prenda somos tus esclavos, somos de tus estampas la tierra; que, aunque es cielo para mí mi Beatriz hermosa y bella, por el amor que me tiene querrá que ansí lo encarezca.
Juan	Ponte luego de camino, Padilla, para que entienda el rey mi señor el gusto que de acompañarle llevas, que allá le hablarás en todo.
Padilla	¿Vas tú allá para que pueda tener entrada a su gracia?
Juan	Aquí me deja su alteza a prevenir la jornada que para Granada intenta, porque pienso que ha de ser luego que la primavera temple la furia a los ríos, seque la mojada tierra.
Padilla	Pésame de que no vayas.
Juan	No has menester encomienda para la gracia del rey, pues que ya quedas en ella.

(Vase.)

Padilla ¿Qué dices tú de mi dicha,
         Martín?

Martín   Que tu dicha es cierta;
         y que ha sido discreción
         mezclarla con esta ausencia,
         que los agrios que en palacio
         a las cosas dulces echan
         es para templar el gusto.

Padilla De ningún mal se me acuerda
         como tenga punto fijo
         la esperanza que me queda.

Martín   Dicha has tenido.

Padilla   Notable.
         Demos a Beatriz las nuevas
         envueltas en la partida,
         para que no se enloquezca;
         pero entre aquestos cuidados,
         Martín, déjame que sienta
         el ver cuán mal puedo entrar
         en obligación como ésta;
         don Álvaro no ha de darme
         dote, pues toda su hacienda
         es de su hija.

Martín   Es ansí,
         pero tendrás casa y mesa.

Padilla	No está la dificultad
en que casa y mesa tenga,
sino en la primera entrada,
las joyas y las libreas.
¡Ah, Dios, que un hombre tan noble
tal necesidad padezca
por ser tercero en su casa!
Martín	No hay cosa, señor, más necia
que la fortuna.
Padilla	Bien dices;
por eso la pintan ciega.
Martín	Señora parece en dar,
porque siempre se desvelan
en dar a quien los engañe
o a quien no se lo agradezca;
págase de la ignorancia,
no sabe estimar la ciencia,
de las lisonjas se agrada,
y las virtudes desprecia.
¿Serviste? no tienes premio,
pero en efeto le espera,
que el buen don Juan de Aragón
te ha puesto bien con su alteza.
Pintó un sabio a la fortuna
sola la mano derecha,
y todos los desdichados
puestos a la mano izquierda;
como era manca, a ninguno
levantaba de la tierra,
porque solo a los dichosos
les alargaba la diestra;

                    y ésta la pintó tan larga
                    que alcanzaba en las escuelas
                    al estudiante en la paz,
                    y al vil soldado en la guerra.
                    El brazo de la fortuna
                    don Juan de Aragón te enseña,
                    ya te quiere levantar.

Padilla   Yo te juro que él lo emplea
                    en quien sabrá agradecerlo.
                    Mas ¿qué haremos, cuando vuelva,
                    de dinero para joyas,
                    mis galas y las libreas
                    de pajes y de lacayos?

Martín   Don Juan de Aragón comienza
                    a hacer por ti, ya tú eres
                    su hechura.

Padilla   Así lo confiesa,
                    Martín, mi agradecimiento.

Martín   Dile tu mucha pobreza,
                    que no hará mucho si agora
                    dos mil ducados te presta;
                    que es rico y te los dará
                    a buen pagar, de la renta
                    de don Álvaro, tu suegro.

Padilla   Bien me animas y aconsejas.
                    Vamos, pondréme galán,
                    y con mis botas y espuelas
                    iré a decir a Beatriz
                    su casamiento y mi ausencia.

Martín	Y yo ¿qué daré a Leonor si esta boda se concierta?
Padilla	Vende mi caballo y compra guarniciones a tu yegua.

(Vanse. Salen doña Ana y Tello.)

Tello	Esto se dice, señora, en toda Valladolid.
Ana	¡Piadosos cielos! oíd a quien sin remedio llora.
Tello	¿Por qué no le has de tener con presunción de olvidar?

Ana	Porque es [en] mi mano amar,
	y en el tiempo aborrecer.
	   Pasión tan presto adquirida
	como amor, despacio muere,
	que en poco tiempo se quiere,
	y en mucho tiempo se olvida.
	   Amé a mi primo don Juan,
	pensando que me quería;
	tal esperanza tenía,
	tales engaños me dan;
	   nunca de Beatriz hermosa
	tuve celos; necia he sido,
	que no le hubiera querido
	con tanto extremo celosa.

Tello	Nunca te quise decir,

	por verte tan satisfecha,
	que tuve alguna sospecha.

Ana   Erraste en no me advertir,
    que los que juegan no ven
    en el ajedrez de amor.

Tello   Ello fue notable error.

Ana   Y fue desdicha también;
    pero aunque pierda la vida
    y la honra, hoy he de hacer
    que no sea su mujer.

Tello   ¿Qué dices de honra perdida?

Ana   Que me quiero levantar
un testimonio.

Tello   Es locura
de amor.

Ana   Remedio procura,
o me tengo de matar.

Tello   ¿Qué remedio?

Ana   Tráeme luego
a don Álvaro.

Tello   No sé
qué intentas.

Ana   Parte o haré

	que te abrases en mi fuego.
Tello	Yo voy.
Ana	No vengas sin él, que me ha de matar mi amor.
Tello	Testimonios en tu honor es pensamiento cruel.

(Vase.)

Ana   Dulce enemigo mío,
¿qué ingratitud es ésta,
que alma y vida me cuesta
con tanto desvarío?
Mas, pues está perdida,
vuélveme el alma y quítame la vida.
    Aquí me tienes loca,
y en venturas ajenas
un Tántalo de penas,
las glorias a la boca,
que en infierno de celos
dulces engaños me prometen cielos;
    Mas ¿para qué me engaño
con falsas esperanzas,
cuando de tus mudanzas
me llega el desengaño?
Que, con engaños tales,
los falsos bienes crecerán los males.

(Salen Tello y don Álvaro.)

Álvaro   Tuve dicha, que pasaba

	por vuestra puerta.
Ana	¡Oh, señor don Álvaro!
Álvaro	Del amor que me debéis me acordaba, y en las rejas reparé.
Ana	Olvidado estáis de mí.
Álvaro	Tan vuestro soy como fui, nunca de vos me olvidé.
Ana	Tello, déjanos y cierra.
Álvaro	¿Qué tenéis, que no solía ser así vuestra alegría?
Ana	La tierna edad siempre yerra; mucho tengo que os decir.
Álvaro	Ya me apercibo a escuchar.
Ana	Puedo decir «confesar», porque me quiero morir. Don Álvaro, pintaros los errores de la edad juvenil y sus desvelos era querer contar al campo flores, olas al mar y estrellas a los cielos; todos los más se fundan en amores y en desatinos a que obligan celos; oíd, aunque de amor fábulas vanas escuchan mal las venerables canas.

    Cuando la primavera de mis años
de las primeras rosas guarnecía
el campo de mi edad y los engaños
de amor, ni amaba yo ni aborrecía,
un caballero ilustre, de mis daños
principio, como deudo entrar podía
a todas horas para hablarme y verme,
que la ocasión despierta honor que duerme.
    No reparaba yo que me miraba,
o era muy tierna yo, o era inocente;
mas debo de mentir que reparaba,
pues muchas veces la vergüenza miente;
él mentía tan bien que me alababa
de lo que en mí faltaba claramente;
mas no sé qué de discreción y brío
debió de ser su amor y el daño mío.
    El alba, por el mes de los amantes,
poniendo estaba lirios y azucenas
una mañana, pocos tiempos antes
de la ocasión, principio de mis penas,
cuando me dan mis padres ignorantes
(también error) licencia a manos llenas
para que salga al campo, en que primero
tomé yerros amor que anduve a acero.
    Fui al prado de la santa que, atrevida,
a quien le dio los pies tomó las manos,
y hallé a don Juan, que, con suave herida,
rindió de amor mis pensamientos vanos;
gallardo a la jineta y a la brida
domaba dos caballos castellanos,
que no siempre han de ser los andaluces
de airosas manos y fogosas luces;
    vine a mi casa llena de deseos,
que la imaginación conmigo hacía

los mismos caracoles y escarceos
que en el campo don Juan formado había;
desde entonces juzgué que sus empleos
a conquistar mi gusto reducía,
miré si me miraba, hablé si hablaba,
que amor, rendida yo, cerró el aljaba.

    Concertamos los dos que en una huerta,
saltando las paredes de mi casa,
entrase cierta noche que, cubierta
de negras nubes, fue la Luna escasa;
mas ¡qué locuras el amor concierta!
¡Qué de doncellas con mentiras casa!
¡Qué de tormentas son después espumas!
¡Qué de ansias, hielos, y palabras, plumas!

    Turbámonos los dos, y parecía
que se burlaban de los dos las flores;
el agua murmuraba que corría,
y culpaba el silencio los amores,
juntó las manos el temor del día,
que amando son valientes los temores,
venciendo su cobarde atrevimiento
la poca resistencia de mi intento.

    No sé qué fue de mí: o él es fingido,
o yo soy en extremo desdichada,
pues dicen que me tiene tal su olvido,
que se casa y me deja despreciada;
vuestra hija Beatriz la culpa ha sido,
o su hermosura justamente amada;
que se casa con ella me han contado,
de mis obligaciones olvidado.

    Si aun hay lugar, don Álvaro, yo os ruego
que no pase adelante su locura,
pues no es razón que en nombre de amor ciego
me dé lugar a tanta desventura;

	iréme al rey y, refiriendo luego
	lo que advertido vuestro error procura,
	quedaréis deshonrado y yo vengada,
	que, a quien tiene razón sobra la espada.

Álvaro   Doña Ana, mi intento ha sido
         del vuestro tan diferente,
         que respondo brevemente
         que el rey la culpa ha tenido.
            Mi hija me mandó dar
         hoy a don Juan de Aragón,
         ignorando la ocasión
         que me acabáis de contar,
            porque ni querrá su alteza
         ni yo querré...

Ana   No paséis
         más adelante, que habéis
         animado mi tristeza;
            ¿Qué? ¿No es don Juan de Padilla?

Álvaro   No, que estos conciertos son
         con don Juan de Aragón,
         hombre tan rico en Castilla.

Ana   Pues sabed que yo, engañada
         de las nuevas y de amor,
         hice este agravio a mi honor,
         celosa y desesperada,
            que ni él de noche me vio,
         ni en tal huerta me ha burlado.

Álvaro   A ser cortés obligado
         del crédito, nací yo,

        y de vuestra gran nobleza
        os confieso que dudé
        la historia, no dando fe
        tal virtud a tal bajeza.

Ana   En fin, ¿es el de Aragón?

Álvaro   Como del rey es Castilla.

Ana   Pues yo adoro al de Padilla.

Álvaro   Adiós.

Ana   Adiós.

Álvaro   (¡Qué invención!)

(Vanse. Salen doña Beatriz y Leonor.)

Beatriz   ¿Con qué te podré pagar
                las nuevas?

Leonor   Con un vestido.

Beatriz   En mi vida le he tenido
                como te le pienso dar.
                   En fin, ¿dio licencia?

Leonor   Dio
                el rey licencia a don Juan.

Beatriz   Fin mis deseos tendrán.

Leonor   Esto Martín me contó.

Beatriz	Poco a mi padre le vale
	el achaque en la pobreza
	de don Juan, mas ¿qué riqueza
	puede tener que le iguale?
	Aquel talle y aquel brío
	no tienen comparación.
Leonor	Los dos sospecho que son.

(Salen don Juan de Padilla, de camino, y Martín, con fieltro y botas.)

Padilla	Mi Beatriz.
Beatriz	Esposo mío.
Padilla	¿Qué, llegó el día feliz
	(alma, no te vuelvas loca)
	que oiga don Juan de tu boca
	tal nombre, hermosa Beatriz?
	¿Es posible que en tu casa
	entre con tal libertad?
Beatriz	Eso tiene la verdad
	de amor que dos almas casa.
	Mi padre ¿hate visto?
Padilla	No,
	aunque de lejos le vi
	y no me habló, ya entendí
	que de mi bien le pesó,
	y la causa que le mueve.
Beatriz	No sabe que tu valor

	es la calidad mayor.
Padilla	Poco mi valor le debe.
Beatriz	¿Botas y espuelas? ¡Ay Dios!
Padilla	Sí, mi bien, voy a Galicia con el rey, que él me lo manda.
Beatriz	Siempre está el bien de partida, siempre el placer por la posta.
Padilla	Excusad, estrellas mías, las perlas, que están abiertas las rosas de las mejillas; allá me ha de hacer merced, y nuestra boda apadrina volviendo a Valladolid.
Martín	¡Ay, ay, ay!
Leonor	¿De qué relinchas?
Martín	Todos se casan, y yo no puedo alcanzar justicia.
Leonor	Maldito seas, amén. Como se ven las mentiras en el fieltro y las botazas, tú me quieres, tú me olvidas.
Martín	Pues ¿puédome yo quedar?
Leonor	Fingieras, pues lo sabías,

	una calentura o dos.
Martín	Aun no son buenas fingidas; pues es verdad que quedara en casa abundante y rica, porque, partido mi amo, no hay más del ama que guisa, y de tal guisa la tal guisa las ollas que aliña, que pudieras sin espejo afeitarte en la escudilla; los garbanzos, por los viernes, hacen con dulce armonía bailes de a cuatro en el caldo.
Leonor	Eso es ser pobre y ser limpia.
Martín	¿Limpia? A un sábado te aguardo; con su perejil las tripas, las manos todas barbadas y las panzas con su almíbar.
Leonor	A buena casa venís.
Martín	¡Buena! Que Dios la bendiga.
Leonor	Cuando sea tu mujer, tú verás qué de cositas con que te regalo yo.
Martín	Cosas, cosas, Leonor mía, que salimos de la orden más estrecha y más ceñida que hay en la iglesia de Dios.

Leonor	Escucharte me lastima; ¿tan pobre vive don Juan?
Martín	Sustenta mucha familia con pequeños alimentos.
Leonor	Sí, porque es gente lucida.
Martín	Todo lo que es por defuera se porta con bizarría, en casa Dios lo perdone.
Leonor	¿Cómo?
Martín	En la cama y comida.
Leonor	Pues ¿no tenéis buena cama?
Martín	La cama más exquisita que se ha escrito en la pobreza ni se ha visto en la avaricia; ella es un colchón redondo donde toda la familia alrededor se acomoda, de manera que confinan todos los pies en el medio, de la suerte que imaginas los rayos de alguna rueda.
Leonor	Es invención nunca oída.
Martín	Allí se juntan los pies, como en las carnicerías

	se suelen vender las manos
que a los carneros se quitan;
son los vientos tan contrarios
que, a ser velas las camisas,
pajes se fueran a fondo.
Leonor	El cuento admite pastillas.
Padilla	Mi bien, yo me quiero ir;
sabe Dios si me lastima
tu ausencia el alma, no puedo
excusarla aunque querría;
volveré a Valladolid,
dentro de un mes, de Galicia,
que el rey se va a coronar,
cosa no vista en Castilla,
de las manos de la imagen
del gran apóstol, la insignia
real, la corona de oro,
quiere tomar.
Beatriz	¡Qué desdicha!
Parte y presume que quedo
muriendo.
Padilla	¡Y yo cómo voy!
Que solo en pensar que soy
tu marido, partir puedo,
porque si no, ni dar paso
pudiera con vida aquí.
Beatriz	¿Acordaráste de mí?
Padilla	No respondo.

Beatriz   (Extraño caso,
　　　　　　las lágrimas en los ojos
　　　　　　se parte.)

Martín　　　　　　　　Martín se va,
　　　　　Leonor.

Leonor　　　　　　　Y se lleva allá
　　　　　el alma toda.

Martín　　　　　　　　　¡Qué enojos,
　　　　　ay, ay, ay!

(Vanse Juan de Padilla y Martín.)

Leonor　　　　　　　　　¡Cuál quedo yo!

Beatriz　　　　¡Qué buen consuelo!

Leonor　　　　　　　　　　¿Qué quieres?
　　　　　¿Somos piedras las mujeres?

Beatriz　　　　Almas sí, que piedras no.

(Sale don Álvaro.)

Álvaro　　　　Darte el parabién es justo
　　　　de la ventura que tienes.

Beatriz　　　　Cuando tú con gusto vienes,
　　　　claro está que tendré gusto.

Álvaro　　　　Dio el rey licencia a don Juan.

Beatriz   Y yo me rindo a tus pies.

Álvaro   Por cierto, Beatriz, que él es
rico, discreto y galán.

Beatriz   ¿Qué riqueza puede haber
como el ingenio y valor?

[Sale Sancho.]

Sancho   Aquí ha llegado, señor,
don Juan.

Álvaro   Él te quiere ver,
¿darás licencia?

Beatriz   Pues ¿no?

Álvaro   Di que entre.

[Vase Sancho.]

Beatriz   ¡Qué gran ventura!
Quien ha amado sin locura
no puede decir que amó.

(Sale don Juan de Aragón.)

Juan   Si ha dado disculpa amor
al mayor atrevimiento,
añadiéndose el casarse,
pienso que mayor la tengo;
y pues que del desposorio

	solamente a vistas llego,
	no reparéis, dulce esposa,
	en que esté turbado y necio.
	Al rey supliqué esta tarde
	que me dejase, partiendo
	a Galicia, por no daros
	disgusto; pues ya soy vuestro,
	aquí me quedo a serviros,
	porque a nuestro casamiento
	no se ponga dilación.
	¿Qué tenéis?
Beatriz	Señor, ¿qué es esto?
Álvaro	Hija, que el rey me ha mandado que os case, y yo le obedezco.
Beatriz	¿Con quién?
Álvaro	Con don Juan.
Beatriz	Oíd. ¿No es el de Padilla?
Álvaro	Bueno: ése, aunque es noble, Beatriz, es un pobre caballero; el de Aragón es muy rico, y está en su gracia.
Beatriz	¡Qué presto sigue al placer el pesar!
Juan	(¿Qué es lo que le está diciendo?

	¿Si pensó que era Padilla?
	¿Si halló lugar en su pecho?
	Pero en tanta honestidad,
	celos, mirad que sois necios;
	pero podréis responder
	que ¿cuándo fuistes discretos?
	Yo me caso por industria;
	que es imposible sospecho
	que me deje de costar
	pesar el atrevimiento.)

Álvaro   Hija, si tenéis honor,
           hija, si tenéis respeto
           a la sangre que os he dado,
           mirad que está de por medio
           no menos que un rey.

Beatriz   Señor...

Álvaro   No respondáis, que no quiero
           respuesta, sino obediencia;
           mirad que el rey es tercero,
           y yo he dado la palabra.

Beatriz   Ponedme en un monasterio.

Álvaro   No hay que poner dilaciones;
           con el valor de este yerno
           y la privanza de Alfonso,
           toda mi casa ennoblezco;
           dalde la mano, o ¡por Dios...!

Beatriz   Ya, señor, que obedeceros
           es fuerza, dadme dos días

	para llorar a lo menos.
Álvaro	¿Qué tenéis vos que llorar
si el cielo ha venido a veros
con tan gallardo marido?
Beatriz	Dadme un hora.
Álvaro	Ni un momento;
no me afrentéis, hija mía.
Beatriz	Venga esta noche y hablemos.
Álvaro	Si alzo la voz, ¡vive Dios...!
Beatriz	Ya, señor, os obedezco.
Juan	Si está indispuesta mi esposa,
mañana, señor, podremos
tratar de esto; el cielo os guarde.

(Vase.)

Álvaro	¿Es bien hecho lo que has hecho?
Beatriz	¿Él no se fue cuando yo
iba a hablarle? Pues ¿qué debo?
Álvaro	¿Podréle llamar?
Beatriz	Podrás.
(¡Quitadme la vida, cielos!)

Fin de la primera jornada

Jornada segunda

(Salen don Juan de Padilla y Martín, de camino.)

Padilla   ¿Hay cosa como llegar
      después de ausencia, Martín,
      donde un hombre quiere?

Martín   En fin,
      no queda que desear;
      el que sale de la mar,
      de la guerra aborrecida,
      o cautivo en triste vida,
      como lleguen a su casa,
      cuanto pasaron se pasa,
      todo con el fin se olvida.
       Compone un libro el que sabe,
      y en el fin descansa y pide
      fama, porque no se olvide
      ni alguna envidia se alabe;
      descansa de noche el grave
      de oír tanta variedad
      de negocios, sin verdad:
      hasta el mar la furia amansa,
      y aun el que es necio descansa
      después de una necedad.

Padilla   Y lo será si porfía,
      Descanso, el que hablare en vos,
      cuando yo veo que Dios
      descansó el séptimo día
      de aquella dulce armonía
      de elementos y de cielos.
      A los humanos desvelos

        doy el fin por bien mayor,
        y más en quien tiene amor
        y descansa de sus celos;
           ¿qué filósofo no habló
        del fin soberanamente?
        En fin, quien ama no siente
        lo que amando padeció.
        Llego al fin.

Martín   Y llamo yo;
        pero ya te ha visto quien
        es mi descanso también.

Padilla   Bien haya lo padecido,
        que quien el mal no ha sufrido,
        Martín, no merece el bien.

(Sale Leonor, triste.)

Padilla   Aurora del Sol que adoro,
        Iris de hermosos colores,
        Mercurio de mis amores
        y llave de mi tesoro,
        luz, diamante, perlas, oro,
        de aquel cielo de belleza
        ¿cómo con tanta tristeza
        abres puerta a mi alegría?
        ¿Son, por dicha, Leonor mía,
        efectos de mi pobreza?
           Toma este anillo, que yo
        en su círculo quisiera
        que todo el mundo estuviera.

Leonor   No son intereses, no;

	a quien tu bien intentó no le mueve el interés.
Padilla	Pues, mi bien, dime lo que es. ¿Falta salud a mi esposa?
Leonor	Sí falta, aunque es otra cosa.
Padilla	Habla, y mátame después.
Leonor	Tu esposa está desposada.
Padilla	No he dado a nadie poder.
Leonor	El poder lo pudo hacer.
Padilla	Conmigo está disculpada.
Leonor	De don Álvaro forzada, le dio a don Juan de Aragón la mano.
Padilla	Si engaños son, para templarnos el bien, ofender suelen también el bien de la posesión.
Leonor	Cuando pediste que hablase al rey, para sí pidió a Beatriz, y el rey mandó que con ella se casase.
Padilla	¡Que aquesto en el mundo pase!

Leonor	Resistió, lloró, tomó testigos que la forzó.
Padilla	¿Gozóla? ¡Responde presto, que solo consiste en esto que muera o que viva yo! Mas no respondas, detente; viva hasta verla no más, que después me matarás.
Leonor	¿Qué es gozar, ni que él lo intente? Antes se fue brevemente, viendo su mucha aspereza.
Padilla	¡Alma, dejad la tristeza, que aun hay tiempo de morir!
Leonor	Seguro puedes vivir, Padilla, de su firmeza: a acompañar al rey fue.
Padilla	Es verdad, que allá le vi. ¿Y podré verla?
Leonor	No y sí; hasta que más sola esté; que aunque es casamiento, en fe de que ha de ser tuya vienen mil damas que la entretienen con parabienes injustos, porque nunca los disgustos alegres visitas tienen. Ellas vienen de colores y ella, de negro vestida,

	hace exequias a su vida en honra de tus amores.
Martín	Señor, ¿qué haces? No llores. ¿Tú eres aquel gran Padilla que puso asombro a Sevilla, venciendo en Benamarín tantos moros?
Padilla	¡Ay Martín! ¿Verme ansí te maravilla? ¿Arrojo yo por ventura sombrero, capa y espada, estando el alma obligada a tan forzosa locura? ¡Vive Dios!
Martín	Señor, procura componerte brevemente, que sale de adentro gente.
Padilla	Dile al alma esa razón, que mis sentidos no son quien sabe si soy quien siente.

(Sale doña Ana.)

Ana	¿Don Juan de Padilla vino? Sí, que allí está; pues ¿qué aguardo? Dadme, capitán gallardo, los brazos.
Padilla	¡Qué desatino! Que eres mi muerte imagino;

espero a Beatriz aquí,
a quien cuando yo me fui
dejé con tan tiernos lazos,
y sale a darme los brazos
lo que más aborrecí.
   ¿Qué es esto? ¡Furia del cielo!
¿Soy demonio? ¿Qué soy yo?
Espero al Sol, y salió
toda una noche de hielo.
¿Cuál labrador sin recelo
de áspid, en él escondido,
puso la mano en el nido,
donde dejó ruiseñores,
como yo, que dejé amores
y vine a topar olvido?
   ¿Cuál deudor, que huyó sutil,
en los acreedores dio?
¿Qué reo al alcalde vio?
¿Qué ladrón al alguacil?
¿Cuál hombre cobarde y vil
al valiente y arrogante?
¿Cuál, siendo en todo ignorante,
dio en el sabio y el discreto
como yo, pues en efeto
tengo a doña Ana delante?
   ¡Válame Dios! ¿Esto más?

Ana	¿Qué es esto que estás diciendo?
Padilla	Digo que vine creyendo que viera donde tú estás un ángel.
Ana	Sí le verás;

        pero con menos rigor;
que a nadie obliga el amor
a que sea descortés.
Mira, don Juan, que esto es
más infamia que valor.

Padilla   Perdona, que estoy sin mí.

Ana   También yo pensé que viera
un hombre en ti que me diera
los brazos que le pedí;
y un hombre ignorante vi,
un descortés, que se enfada
de una mujer lastimada;
pues donde por maravilla
pensé que hallara un Padilla,
vine a topar una espada.

Martín   Señora, tienes razón,
mas don Juan está de modo
que has de perdonarlo todo,
o faltarte discreción.

Ana   Beatriz viene, y callaré
por no darle mayor pena.

(Sale doña Beatriz.)

Beatriz   De tantas lágrimas llena,
no sé si verte podré.
    ¡Ay mi don Juan!

Padilla   Ya quisiera
que la vida me faltara.

Beatriz   No acierto a mirar tu cara
                 como si culpa tuviera.

Ana   　Déjame verte no más,
                 que viéndote he vuelto en mí.

Beatriz   Yo he dado un forzado «sí»,
                 que no lo ha de ser jamás.
                 　Las injurias que he pasado,
                 los golpes que he padecido,
                 dicen que el «sí» fue fingido,
                 y que el «no» fue declarado.
                 　El «sí» y el «no» a un tiempo di,
                 calló amor, temor habló,
                 del de Aragón será el «no»,
                 y del de Padilla el «sí».
                 　No hayas miedo que me vea
                 eternamente en sus brazos,
                 aunque me hiciese pedazos,
                 quien mi desdicha desea,
                 　tuya soy y lo seré.

Padilla   Sí serás, que hay ocasión
                 con que a don Juan de Aragón
                 castigue quien tuyo fue.

Beatriz   　Eso no, porque es perderme,
                 y la palabra has de darme
                 de pleitearme y ganarme,
                 que perderme no es quererme.

Padilla   　¿Quieres tú?

Beatriz	Con tierno llanto te pido que su malicia castigues por la justicia, si puedo contigo tanto; que esto de sacar la espada es para matarme a mí. Mira que forzado un «sí» disculpa un alma forzada.
Padilla	¿Pleitear tengo, y matarme?
Beatriz	Sí, mi bien, o aborrecerme; pues con la espada es perderme, y con la pluma es ganarme.
Padilla	Yo lo haré.
Beatriz	Pues no me engañes.
Padilla	Digo que lo haré por ti.
Ana	No queda muy bien ansí, cuando a mí me desengañes, que yo le pondré a don Juan pleito, que él sabe y yo sé.
Padilla	Testimonios ¿para qué?
Ana	Verdades, traidor, serán.
Padilla	Vente conmigo, Martín, que yo no escucho locuras.

(Vanse don Juan de Padilla y Martín.)

Ana   Yo sé que mis desventuras
                tendrán con el pleito fin,
                  que yo tengo más acción
                como la más ofendida.

(Vase doña Ana.)

Beatriz   ¿En qué ha de parar, mi vida,
                pleito, amor y confusión?

(Sale don Álvaro.)

Álvaro   Quiero pedirte albricias
                de que vino tu esposo con su alteza.

Beatriz   Si de mí las codicias,
                pídeselas, señor, a mi tristeza,
                que, pues la aumentas tanto,
                bien las mereces de mi pena y llanto.

Álvaro   ¿Búrlaste por ventura?
                ¿No sabes que me enojas? Pero advierte
                cuánto tienes segura
                en don Juan de Aragón la mayor suerte
                que mujer ha tenido:
                ¡qué gentilhombre viene y qué lucido!
                   ¡Qué dama no tuviera
                de haberle merecido tanta gloria
                que el alma enloqueciera
                desde la voluntad a la memoria?
                Porque el entendimiento
                no merece tan dulce sentimiento.
                   Alégrate.

Beatriz   No puedo.

Álvaro   Pues ¿no es tu esposo?

Beatriz   No.

Álvaro   Ya estás casada.

Beatriz   Con tanta fuerza y miedo,
ni pude entonces ni quedé obligada;
desto tengo testigos.

Álvaro   ¡Hijos, quién os llamó sino enemigos!

Beatriz   Si yo respeto esposo,
es don Juan de Padilla.

Álvaro   ¿Estás furiosa?
¿Cuando ves que es forzoso
que don Juan de Aragón te llame esposa?

Beatriz   Del Padilla te advierto
que es de mi pecho, el otro del desierto.

(Vase.)

Álvaro   ¿Si tomaré venganza
desta disolución y atrevimiento?
Pues no ha de hacer mudanza,
matarla quiero.

(Salen don Juan de Aragón, galán, de camino, y Sancho, criado.)

Juan
     ¿Qué mayor contento
que llegar como llego?

Sancho   Toda ausencia en amor aumenta el fuego.

Álvaro   (Éste es mi yerno; quiero
disimular.)

Juan   Señor, seas bien hallado.

Álvaro   Tú, bien venido.

Juan
      Espero
que lo seré, señor, pues he llegado
al centro del deseo
donde pararse la esperanza veo.
 ¿Sabe mi dulce esposa
que ha venido su alteza y que he venido?

Álvaro   Será cosa forzosa.

Juan   Pues ¿cómo tanto amor padece olvido?
Pues ¿cómo no la veo?
¿Aun esto no le debe mi deseo?

Álvaro   Entra, Sancho, y advierte
a Beatriz de su dicha, y pide albricias.

Juan   A mi dichosa suerte
se las pide mejor, si las codicias.

(Vase Sancho.)

Álvaro   ¿Llegastes muy cansado?

Juan	Como lo puede estar quien ha llegado;
	si fuera a la partida,
	seguro estáis que encarecer pudiera,
	hasta perder la vida,
	lo que sentí, como si eterna fuera
	una ausencia tan breve,
	tales ansias de amor Beatriz me debe.
	Llegué cuando se hacían
	fiestas en Compostela y con las luces
	del cielo competían
	luminarias de torres y de cruces;
	holgóse el rey de verme,
	hízome la merced que suele hacerme,
	y aquellos caballeros
	quisieron que ayudase a una sortija
	de veinte aventureros.
	Yo, no sabiendo qué invención elija,
	saqué el amor bizarro
	de plumas de oro en un triunfante carro,
	y para testimonio
	de mi dicha, le puse en una mano
	el dulce matrimonio
	en una imagen de oro, a quien en vano
	se atreven las pasiones
	que rinden los humanos corazones.

(Vuelve Sancho.)

Sancho	De manera me ha quitado
	tan desdichado suceso
	el instrumento del alma,
	que no pienso que la tengo.
	Doña Beatriz, mi señora,

	entra con pasos ligeros agora en un coche.
Álvaro	¿Cómo?
Sancho	No sé más de que dijeron los hombres que la llevaban que eran notarios, y entre ellos pienso que iba un alguacil.
Álvaro	¡Pleito intenta, vive el cielo!
Juan	¿No viste algún hombre fuera de los que en el coche fueron?
Sancho	Un hombre medio embozado los hablaba desde lejos, y era don Juan de Padilla si no me engaño.
Álvaro	Esto es hecho, pleito me pone don Juan.
Juan	¿Qué importa? Matarle luego.
Sancho	¡Qué presto lo has sentenciado!
Juan	Lo que importa ha de ser presto.
Álvaro	Si las armas intentáis, bien veis que perdido quedo; idos a palacio vos, iré yo a saber qué es esto.

Sancho   Camino presto, señor.

Juan   ¡Qué bravo aborrecimiento!
Pues ¡vive Dios, enemiga,
que no has de gozar, si puedo,
el caballero que adoras!
Dineros y favor tengo.

Sancho   Favor y dineros son
pies y manos de los pleitos.

(Vanse. Salen el rey Alfonso y el conde de Haro.)

Alfonso   Pienso que le tendré, conde de Haro,
muy de mi parte en todas mis acciones.

Conde   Tu devoción, señor, pide su amparo;
justa esperanza en el Apóstol pones.

Alfonso   De pórfido, de bronce y mármol paro,
con letras y doradas inscripciones,
altar le haré labrar.

Conde   Cristiano celo.

Alfonso   ¡Qué capitán de España tiene el cielo!
  De mi hijo, don Pedro, pronostican,
siendo agora tan niño, tan piadoso,
tanta crueldad, que a la que espera aplican
un Nerón, un Magencio riguroso;
mas las cosas que al cielo se suplican,
si no es por nuestras culpas, es forzoso
que templen el rigor, y así querría
llevársele al Apóstol algún día.

Conde
Cuando vuelvas, Alfonso, de Granada,
el príncipe será de edad bastante
para que tome de su altar la espada,
rayo feroz de bárbaro arrogante.

(Salen don Juan Padilla y Martín.)

Padilla
La ira es atrevida.

Martín
Aquí templada.
Que es el respeto al rey ley de diamante.

Padilla
Deme tu alteza para hablar licencia.

Alfonso
¡Oh buen Padilla!

Padilla
Advierte...

Martín
Ten prudencia.

Padilla
Generoso rey Alfonso,
a quien desde niño el cielo
guardó de tantos peligros
para bien de aquestos reinos,
en la casa de mis padres
(tú sabes, señor, quién fueron),
en orden a mis hermanos
ilustres, nací tercero.
Tomé a tu lado las armas,
de mis servicios no es tiempo
que trate, bien pocos son,
pues no merecieron premio;
verdad es que culpa he sido

de que no te acuerdes dellos,
pues no es menos el pedir
que del mismo Dios consejo.
En los ratos de la corte
siempre ociosos, mis deseos
en doña Beatriz de Rojas
sus esperanzas pusieron.
Perdona que ansí te hable,
que no es perderte el respeto,
pues estás como juez,
y es el principio del pleito.
Servíla solo con alma,
tan pobre soy... pero creo
que ha estimado mis servicios
cual suele el señor discreto.
Que de tus guerras le truje
(muchos saben que no miento)
los despojos de los moros
por aquestas manos muertos,
esclavas le truje algunas
que en mi nombre la sirvieron,
que fue dicha suya y mía
tener tan hermoso dueño.
En su casa entré una tarde,
entré con atrevimiento
a visitarla y hallóme
su viejo padre saliendo;
con disculpas mentirosas
vencer su sospecha intento;
no aprovecha; al fin le digo
que por último remedio
me dé a Beatriz por esposa;
pues sabe que no es más bueno
que yo, si bien es más rico.

Vino en aqueste concierto
si tu licencia traía;
contento a palacio vengo
y a don Juan de Aragón pido...
¡Mal haya mi encogimiento!
...que te la pida en mi nombre.
Él, con injusto deseo,
te la pidió para sí;
juzga tú si fue bien hecho.
A don Álvaro mandaste
que se la diese, y él, ciego
de su riqueza y privanza,
mientras yo te voy sirviendo,
se la dio contra su gusto,
con tal violencia, que dejo
de encarecer la crueldad
por no perderte el respeto.
Vine de Galicia, en fin,
y cuando en su casa entro
recíbenme, en vez de brazos,
estos infames sucesos;
remitílos a la espada,
pero tu enojo temiendo,
quiero probar mi justicia:
pedirla por pleito quiero.
Ya queda depositada,
y porque tu enojo temo
por lo que amas a don Juan,
a pedir licencia vengo,
ya que no supe pedirla,
señor, para el casamiento,
para el pleito, si tú gustas;
que si no, dejaré el pleito,
que más me importa servirte

| | que la vida que poseo,
pues cuanto no fuere el alma,
mi rey y señor, te debo. |
|----------|---|
| Alfonso | Llamadme luego a don Juan. |
| Conde | Lo más ha escuchado atento
detrás de ese paño. |
| Alfonso | Así
tendré que decirle menos. |

(Salen don Juan de Aragón y don Enrique.)

| | Don Juan, don Juan de Padilla
me ha dicho... no lo refiero,
pues que ya lo habéis oído
y sabéis que lo habéis hecho.
¿Cómo o por qué le engañastes? |
|-------|---|
| Juan | Eso no, señor, primero
me falte la vida a mí;
verdad y lealtad profeso.
No le he prometido nada,
y si el casarme fue cierto,
¿qué obligación le tenía
para guardarle respeto?
Yo amé la bella Beatriz
con tal fe como silencio;
guerra es amor, y la guerra
digna de reyes y imperios,
allí todas son cautelas.
Estratagema les dieron
por nombre sus capitanes, |

           de que ha sido Troya ejemplo;
           pues en ardides de amor
           juzga tú, señor, ¿qué pierdo
           de mi opinión?

Alfonso   Ahora bien,
           yo sé lo que es, yo lo entiendo;
           licencia a este pleito doy;
           el que tuviere derecho
           le alcance, pero advertid
           que en tanto que dura el pleito
           no habéis de sacar las armas,
           pena de traidores.

Padilla   Pienso
           que le perderé, señor,
           porque soy pobre y no tengo
           dineros para seguirle,
           que son menester dineros.

Alfonso   Atento a vuestros servicios
           y a vuestra nobleza atento,
           caballero de la banda
           os hago, y en vuestro pecho
           la quiero poner mañana,
           y daros, Padilla, quiero
           seis mil ducados de renta.

Padilla   Mil veces, príncipe, beso
           los pies que veáis pisando
           todo el africano imperio.

(Vase el Rey [don Alfonso].)

Conde	Muchos años los gocéis,
	y con mayores aumentos.
Padilla	Cuantos yo tuviere, conde,
	a vuestro servicio ofrezco.
Martín	Señor, loco estoy de ver
	las mercedes que te ha hecho
	su alteza; mira la cara
	con que queda aquel soberbio.
	¡Oh mudanzas de fortuna,
	ya levantáis hasta el cielo,
	ya derribáis al profundo!
	¿No le miras?
Padilla	Ya le veo.
Martín	Caballero de la banda,
	y seis mil...
Padilla	Habla más quedo.
Martín	Musas, ministradme aquí,
	si no claro, dulce aliento;
	afectad emulación
	al Sol, y ostentando afectos,
	naufragar canoras plumas,
	por fulgores de concetos.
Padilla	Martín, deja desatinos,
	y demos principio al pleito,
	que remitido a las armas,
	gastáramos menos tiempo
	en letrados y notarios.

Martín	Es engaño manifiesto. Vamos, señor, y pleitea, pues que justicia tenemos, que es mejor que las consultas de médicos y barberos; que allá se den los letrados con decisiones y testos.

(Vanse don Juan de Padilla y Martín.)

Enrique	Justamente quedas triste.
Juan	Encarecerte no puedo la tristeza y la razón que de estar quejoso tengo.
Enrique	Sospecho que mira bien el rey este hombre, y sospecho que se ha cansado de ti.
Juan	¿Con tan poco fundamento quieres que pierda su gracia?
Enrique	¡Ah don Juan! si eres discreto, ¿de la inconstancia del mundo para qué buscar ejemplos? Cayóle en gracia a su alteza don Juan, así en los torneos y las justas de Galicia, que cierto es gran caballero, como en ver que en la sortija, donde tan ricos salieron tantos títulos y grandes,

	él con aquel escudero de buen humor, que le sirve, y dos coseletes viejos salió, y dio al rey esta letra (mirad qué extraño conceto):
Juan	¿Qué?
Enrique	«Don Juan y su criado.»
Juan	¿Y eso celebró?
Enrique	Con esto su pobreza y su valor notable aplauso tuvieron.
Juan	Como yo gane a Beatriz en este pleito, no quiero otra gracia ni otro bien, y esto lo tengo por cierto. Que, en fin, desposado soy.
Enrique	Pide fuerza.
Juan	La que temo de es olvido, mas no importa, que todo lo vence el tiempo.

(Vanse. Salen doña Beatriz y don Pedro.)

Pedro	Tengo a notable ventura el depósito que ha hecho vuestro valor con mi pecho, mi casa en vuestra hermosura;

| | solo me ha dado cuidado
que no os dejen visitar,
y habéisme de perdonar
si en esto soy limitado. |

Beatriz
    Damas entraron y, en fin,
si alguna dispensación
hubiere en esta ocasión,
será solo de Martín.

Pedro
    Sea con grande secreto,
que si el de Aragón lo entiende
por su parte y se ofende,
quedo a su agravio sujeto.

Beatriz
    La ventura ha sido tal
de venir a vuestra casa,
que de los límites pasa
de mi desdicha inmortal.
   Que espero en vuestro favor,
viendo que tengo justicia,
que os cansará su malicia,
y que os moverá mi honor.
   Mi padre, a quien por la edad
desagrada la pobreza,
a la privanza y riqueza
inclina la voluntad;
   amo a don Juan de Padilla,
juzgad si tengo razón,
y hame dado al de Aragón,
gran caballero en Castilla,
   pero de mi gusto no;
y con tan forzado «sí»,
que el dolor con que le di

>   de lágrimas le formó.
>   Y estoy tan aborrecida,
>   que cuando pudiera ser
>   venir a ser su mujer,
>   pienso quitarme la vida.

(Sale Leonor.)

Leonor   Doña Ana te viene a ver.

Beatriz   Eso solo me faltaba.

Leonor   Dentro de la puerta estaba
                  cuando lo vine a entender.

Beatriz   ¿Qué me quiere a mí doña Ana,
                  cuando me abrasa de celos?
                  Áspid que me dan los cielos
                  para mi muerte inhumana,
                      en figura de visita
                  viene a saber lo que intento.

Pedro   Ese ardid y pensamiento
                  los cortesanos imita;
                      cuando una visita pasa
                  de amistad y hacer placer,
                  es solo venir a ver
                  lo que hace el otro en su casa.
                      Pero muestra cortesía,
                  que con gusto y falsedad
                  se vence la enemistad
                  de quien enfada y porfía.

(Sale doña Ana.)

Ana	Con el sentimiento justo que tengo del que tenéis, vengo, amiga, a que me deis parte de vuestro disgusto. ¿Cómo estáis? que donde estáis bien sé que os irá muy bien.
Beatriz	Con ese favor también me honráis y me consoláis.
Pedro	Por mi parte os agradezco que tengáis satisfacción de lo que en esta ocasión a doña Beatriz ofrezco, pues a un mismo tiempo ha sido la casa y la voluntad.
Ana	La sangre en esa piedad mostráis con que habéis nacido. ¿Cómo va de pleitos?
Beatriz	Bien.
Ana	¿Qué hay de don Juan?
Beatriz	¿Qué don Juan?
Ana	Vuestro marido.
Beatriz	Si dan, doña Ana, ese nombre a quien mi amor se le tiene dado, don Juan de Padilla tiene

                            salud.

Ana   Eso no conviene
            con el «sí» que le habéis dado
                al de Aragón, que es por quien
            os pregunto.

Beatriz   El «sí» que di
            no fue «sí», porque en el «sí»
            ha de ir el alma también,
                y toda el alma faltó;
            de manera que si un «sí»
            no la tiene, desde allí
            se va convirtiendo en «no»;
                si es forzado no me toca,
            doña Ana, su cumplimiento,
            que no es naipe el casamiento,
            donde hace juego la boca.
                Y del Padilla repara
            que de suerte vive en mí,
            que si allí dijera «sí»
            dentro de mí, me matara,
                y pues que no me mató
            cuando forzada le di,
            claro está que no fue «sí»,
            pues llegó primero el «no».

Ana   Si un renegado de Argel
            no lo fue de corazón,
            ¿cumple con su obligación?

Beatriz   ¡Qué réplica tan cruel!
                Para ligar voluntades
            ha de haber consentimiento,

          que es de la fe fundamento
          el morir por sus verdades,
             y allí ha de haber confesión;
          mas huélgome que haya hallado
          el de Aragón un letrado
          de tanta satisfacción;
             con esto doy por vencido
          el pleito desde este día,
          porque tal abogacía
          ni se ha visto ni se ha oído;
             que estas leyes y desvelos,
          aunque oírlas me fastidia,
          todas son textos de envidia
          con sus párrafos de celos.

(Vase.)

Pedro   El venir a visitar,
          bien lo debéis de saber,
          ha de ser a dar placer,
          no ha de ser a dar pesar;
             que aqueste pleito en rigor
          todo es alma y gusto es;
          si en él tenéis interés,
          disimulalde mejor.

(Vase.)

Leonor   Las damas cuerdas no vienen,
          con burlas y fingimientos,
          a sacar los pensamientos
          de las amigas que tienen;
             mi señora tiene amor,
          vos no habéis de reducilla;

>   si queréis bien a Padilla,
>   disimulaldo mejor.

(Vase.)

Ana
>   ¿Tú hablas? ¿Qué es esto, cielos?
>   Todos contra mí son ya.
>   ¡A qué de cosas está
>   sujeto quien tiene celos!

(Sale don Álvaro.)

Álvaro
>   Yo he de hacer lo que digo y justamente
>   cuando el rey me mandase lo contrario.

Ana
>   ¿Qué furia es ésta? Aunque con tantas causas
>   tendréis por necia la pregunta mía.

Álvaro
>   Dícenme que Padilla se ha quejado
>   a su alteza, de suerte que le ha dado
>   crédito a cuanto ha dicho, y aun he oído
>   que con mercedes le ha favorecido,
>   que nos podían hacer guerra notable;
>   mas ya tengo el remedio prevenido,
>   quiero, doña Ana, yo, quiero casarme,
>   quiero dar a mi hija este disgusto,
>   en esto vengo ya determinado;
>   por ventura tendré (que aun tengo bríos)
>   quien herede mi casa con mi hacienda;
>   si me venciere el de Padilla, entienda
>   que, pues aspira solo a la riqueza,
>   allá se ha de quedar con su pobreza.

Ana
>   Con enojo no es mucho haber pensado

                    dar a doña Beatriz ese cuidado,
                    mas si queréis fingir el casamiento,
                    como es razón, pues ya sois hombre de años,
                    y lo mismo ha de hacer el fingimiento,
                    publicad que os queréis casar conmigo,
                    que yo diré lo mismo.

Álvaro   Daros quiero
                    los brazos y hasta el alma quiero daros,
                    que con esto por dicha, y será cierto,
                    vendrá este pleito en el mejor concierto.

Ana   Pues para que más presto se publique
                    pedid licencia al rey.

Álvaro   Yo voy contento,
                    y lo fuera mejor si verdad fuera.

(Vase.)

Ana   Aun se conoce en vos la valentía
                    que os hizo tan famoso en paz y en guerra.
                    ¡Oh remedio notable! ¡Oh santos cielos!
                    ¿Qué os hizo amor que le persiguen celos?
                    Mas bien hicistes, que si amor amara
                    sin celos, ni aun del cielo se acordara.

(Salen don Pedro y don Juan de Padilla [y Martín].)

Padilla   Ha sido grande favor
                    y merced dejarme entrar.

Pedro   Aquí la podréis hablar.

Padilla	Estad seguro, señor, de que ha de ser mi mujer.
Pedro	Así lo tengo creído, y della lo sé, que ha sido causa que os le deje ver.
Padilla	¡Doña Ana aquí!
Pedro	Ya os ha visto; engañalda, hablalda bien, que si se lo dice a quien sabéis, quedaré mal quisto, y en mala opinión los dos.
(Vase.)	
Padilla	Yo lo haré por vos, que es cosa para mí dificultosa, tanto cuanto sabe Dios.
(A doña Ana.)	Señora, ¿en aquesta casa?
Ana	Vengo a ver vuestra mujer.
Padilla	¿Mía? ¿Cómo puede ser si veis el pleito que pasa? Di, Martín, lo que he sentido faltar a mi obligación, por esta necia opinión que de soldado he tenido.

(Salen doña Beatriz y Leonor [al paño].)

Leonor	Digo que le he visto agora.

Beatriz	Y yo por mi mal le veo.
Martín	Querer pintar el deseo con que don Juan os adora es disparate excusado,
Beatriz	(¿Don Juan con doña Ana aquí? ¿A esto entró?)
Leonor	(Pienso que sí.)
Beatriz	(¡Qué amor tan bien empleado!)
Leonor	(Escucha, que puede ser que, como ésta es bachillera, argüir con don Juan quiera que no has de ser su mujer.)
Martín	Las noches que mi señor taltó de veros no han sido por ingratitud y olvido, que no cabe en tanto amor, y este (¡que nunca lo fuera!) casamiento...
Leonor	(¿Hay tal maldad?)
Martín	...es honra y comodidad, que amor no, ni ser pudiera, que a vos sola tiene amor.
Padilla	Eso es muy cierto y seguro, y que aquí solo procuro

    satisfacer al honor;
      es una tema en que he dado
    porque el de Aragón no entienda
    que le han dejado la prenda
    por más bravo y más honrado,
      pues eso no puede ser.
    Doña Beatriz se casó
    en mi ausencia; ¿puedo yo
    querer ajena mujer?

Ana
      Don Juan, ya de tus engaños
    tengo justos escarmientos,
    en amor con fingimientos
    más quiero yo desengaños.
      Si te casas, yo también,
    que don Álvaro me ha dado
    la palabra, y concertado
    las escrituras.

Padilla
              ¿Con quién?

Ana
      ¿Qué, pensabas heredar
    su hacienda? Pues no lo creas;
    ya es tarde si me deseas,
    como primero, engañar.
      Esto sin duda has sabido,
    y porque yo no me case
    me engañas.

Padilla
            ¡Que aquesto pase!

Ana
    Pues ¿no, ingrato? ¿No, fingido?
      Casarémonos los dos,
    no he de mudar consejo,

     y de una moza y un viejo...
     Ya me has entendido; adiós.

(Vase. [Sale Beatriz].)

Beatriz   Estará vuesa merced
     muy contento del suceso,
     como quien tanto aborrece
     esa mujer que ha propuesto,
     esa que por tema sirve,
     que no por merecimiento,
     esa mujer de don Juan,
     (¡el de Aragón por lo menos!),
     porque no ha de ser más bravo...

Padilla   Mi bien, advierte primero...

Beatriz   No hay que advertir.

Padilla   Oye.

Beatriz   Calla.
     Casóse, ausente, en efecto,
     dándole infinitos golpes
     su padre...

Martín   (Malo va esto.)

Beatriz   ...y no le queriendo hablar;
     de suerte que por despecho
     se fue el tal novio.

Padilla   ¿Qué dices?
     Beatriz, mis ojos, mi dueño,

	mi primera voluntad.
Beatriz	¿Qué digo?
Padilla	Desvía el lienzo;
	porque amortajar los ojos
	más vivos que Dios ha hecho
	es decir que es muerto el Sol
	siendo incorruptible el cielo.
	Mira que en eterna sombra
	quedarán los elementos,
	y yo quedaré sin vida
	como soy dellos compuesto;
	mira no vuelvas el mundo
	a su principio primero,
	que si faltar luz no sientes
	y color a su ornamento,
	debes sentir que no sea
	de los humanos deseos
	vista tu grande hermosura.
Beatriz	Vanos encarecimientos;
	ya llegan tarde, don Juan.
Padilla	Pues llegue el matarme presto.
Leonor	Y el bellacón de Martín,
	que, desvergonzado y necio,
	le decía a la señora:
	«¿Cómo puedo encareceros
	el amor de mi señor,
	que decir su sentimiento
	es disparate excusado?»

Martín	¿Yo he dicho tal?
Leonor	¿Niegas?
Martín	Niego.

Leonor
«Las noches que mi señor
faltó, señora, de veros,
no fue ingratitud ni olvido,
que este negro casamiento
tuvo la culpa de todo.»

Martín
Leonor, mira que estos celos
no hallan materia de agravio;
consejo fue de don Pedro
engañar esta mujer.

Padilla
Vióme entrar, y yo, temiendo
que la justicia se enoje
sabiendo que a verte vengo,
y que el depósito mude,
dije dos necios requiebros
de que estoy arrepentido.

Beatriz
Creo el arrepentimiento,
si dice que está casada
con mi padre, por lo menos
con el melindre que dijo:
«Y de una moza y un viejo...
Ya me has entendido; adiós.»

Padilla
¿No es mejor buscar remedio
asegurándote yo,
Beatriz, con mil juramentos,

	que fue engaño?
Beatriz	¿Cómo engaño? ¿Qué puedes, si no te creo, jurar que me importe a mí?
Padilla	Jurar por tus ojos puedo, que, si mintiese, presumo que el Sol mismo y todo el cielo me matasen con mil rayos.
Martín	Ya se viene enterneciendo.
Leonor	Tu padre vuelve, señora.
Padilla	Ay Beatriz, ¡qué mal has hecho en que te deje enojada!
Beatriz	Y determinada quedo de no te ver en mi vida.
Padilla	Hazme un placer.
Beatriz	Dile presto.
Padilla	Es por tu bien.
Beatriz	¿Por mi bien?
Padilla	Sí, que tu padre es soberbio, y por quitarte la hacienda ha de hacer el casamiento.
Beatriz	¿Qué se te da a ti de mí,

	si, como estabas diciendo,
	soy de don Juan de Aragón?
	Pues si yo mi hacienda pierdo,
	te vengas de tu enemigo.

Padilla   ¿Y si mudas de consejo,
           tan mal te estará estorbar
           la ejecución de su intento?

Beatriz   ¿De suerte que tú pretendes
           que el casamiento estorbemos
           por casarte con doña Ana,
           y con este fingimiento
           quieres que te ayude yo?

Padilla   Mira, mi bien, que no quiero;
           seis mil ducados de renta
           me ha dado el rey, no pretendo
           sino tu bien.

Beatriz   Pues ¿qué haré
           si determinado veo
           a don Álvaro, mi padre?

Martín   ¡Oh, qué remedio!

Padilla   Di presto.

Martín   Diga Leonor que le dio
           palabra de casamiento,
           y que le debe su honra;
           quéjese al rey, que con esto
           y probar que es hija de algo,
           y que viene su abolengo

	del conde Fernán González,
	levantaremos un pleito,
	con veinte testigos falsos,
	pues los hay de todos precios,
	que no se acabe en diez años.
Padilla	¿Falsos los hay?
Martín	¡Bueno es eso!
	Habrá quien jure que ha visto
	andar un buey por los vientos,
	vender el vino por agua
	y ser dichoso un discreto;
	yo daré cuatro famosos.
Padilla	Tú, Leonor, ¿qué dices desto?
Leonor	Que si me enseña Martín...
Martín	¿Cuánto dirás?
Leonor	Cuatro pliegos.
Martín	Yo vendré a darte lección.
Beatriz	Adiós, que a mi padre siento.
Padilla	Al fin ¿te vas enojada?
Beatriz	Matarte de celos tengo.
Padilla	No harás, que te adoro yo.
Beatriz	Pues, don Juan, yo te aborrezco.

Martín	¿Cuánto dirás, mi Leonor?
Leonor	Yo, mi Martín, cuatro pliegos.

Fin de la segunda jornada

Jornada tercera

(Salen doña Ana y don Juan de Aragón.)

Ana
¿Pues vos me engañáis a mí?

Juan
Los sucesos os dirán
si os engaño.

Ana
Ya, don Juan,
las esperanzas perdí.
 Como la primer sentencia
tiene Beatriz en favor,
con celos de vuestro amor
queréis probar mi paciencia.

Juan
Mal entendéis la razón
por que me inclino a casarme
con vos.

Ana
Si no es engañarme,
celos presumo que son.

Juan
Yo estoy del rey en desgracia,
así el casarme sintió,
y al paso que caigo yo
sube Padilla a su gracia;
 caballero de la Banda
le ha hecho y la trae al pecho,
de su cámara le ha hecho,
ya le acompañan, ya manda;
 cuanto me quitó le ha dado,
y que lo merece os digo,
que hablar bien del enemigo

              es honra del agraviado.
                 Quien tiene por valentía
              hablar mal del que está ausente,
              sepa que quien lo oye siente
              que es infamia y cobardía.
                 Yo, cuyas dichas están
              sin estimación alguna,
              pienso mudar de fortuna
              diciendo bien de don Juan;
                 sin esto ¿qué no ha de hacer
              por mí, si me ve casado,
              pues le dejo asegurado
              de que es Beatriz su mujer?
                 Y como mi inclinación
              a tus partes es notable,
              no te espantes de que te hable
              sin celos, pues no lo son,
                 que ya no hay de que lo esté,
              pues Beatriz se ha de casar.

Ana   No te puedes emplear
              que más contento les dé,
                 porque Beatriz se asegura
              de mí, que es lo más que siente,
              don Juan de ti; finalmente,
              si tu fortuna procura
                 volver en gracia del rey,
              y es el camino mejor
              que don Juan te tenga amor,
              hombre noble a toda ley,
                 yo dejaré la locura
              y desigual casamiento
              que con don Álvaro intento,
              Don Álvaro, que procura

	su venganza a costa mía, pues me sepultaba un viejo, y en manos de tu consejo rindo mi justa porfía; tuya soy, pero has de ser noble en cumplir lo que dices.
Juan	Para que más autorices la fe que puedes tener, y yo asegure a don Juan, haré que licencia pida al rey.
Ana	Ya voy advertida.
Juan	Iré contigo.
Ana	Aquí están mis criados, y es mejor que te quedes para hablalle.
Juan	¿Hablaste al rey?
Ana	Quise dalle cuenta de mi necio error, pues me casaba tan mal, y como hablaste conmigo, dejé aquel intento, y sigo el que es a mi gusto igual.
(Vase.)	
Juan	Por un álamo blanco que pomposo de verdes hojas que aforraba en plata,

      un alcázar de pájaros retrata,
      subió una hiedra y le llamaba esposo;
         los ramos que de Alcides vitorioso
      fueron corona, y enlaza, prende y ata,
      y a los pimpollos últimos dilata,
      con débil paso, el círculo amoroso.
         Villano labrador, del monte guerra,
      la hiedra corta, que el humor no alcanza,
      seca los brazos y las hojas cierra;
         no menos levantada mi esperanza
      en los brazos del rey, cayó en la tierra,
      que no hay cosa segura de mudanza.

(Salen Martín y don Juan de Padilla.)

Martín   Bravamente los desmaya
                    esta sentencia en favor.

Padilla   Aquí está don Juan.

Juan   Señor,
                    a nuevos aumentos vaya
                       el favor bien empleado
                    de su alteza, y sea también
                    la sentencia para bien.

Padilla   En el que aquí me habéis dado
                     conozco vuestra nobleza.

Juan   Pleitos y amores, señor,
                    tratallos con este honor,
                    que lo demás es bajeza;
                       pero porque me volváis
                    este parabién que os doy,

	sabed que casado estoy,

                    sabed que casado estoy,
que es justo que lo sepáis.

Padilla   ¿Casado? Para bien sea.

Juan   Con doña Ana me he casado.

Padilla   Habéis, don Juan, acertado
               como quien tan bien se emplea;
                  es lo mejor de Castilla
               en calidad y en hacienda.

Juan   Quiero que de vos lo entienda
               el rey.

Padilla   A fe de Padilla,
                  de no solo procurar
              la licencia que es tan justa,
              pues el rey de honraros gusta,
              pero también intentar
                que os haga mucha merced,
              que muy vuestro amigo soy;
              y la palabra que os doy
              por verdadera tened,
                que en mi vida prometí
              cosa que no la cumpliese
              como la dije, aunque fuese,
              señor don Juan, contra mí.
                ¿Qué importa la calidad
              ni otros títulos y nombres
              cuando falta entre los hombres
              la palabra y la verdad?
                Es la verdad un traslado
              del mismo Dios en el suelo,

tan igual, que dice el cielo:
«Bien y fielmente sacado.»
   Es la verdad un concierto
de la república humana;
la política tirana
lleva su nombre encubierto,
   pero al que sigue las leyes
de la paz y la quietud
conviene esta gran virtud,
y más cerca de los reyes,
   que como por majestad
menos de las cosas ven,
tanto más obliga a quien
los trata, el tratar verdad.

Juan   (¿Es posible que he llegado
a que éste me trate así?
Pero si causa le di,
yo solo he sido culpado;
   hablarle ha sido ignorancia,
porque suele ser castigo
del humilde, al enemigo
darle ocasión de arrogancia.
   Notables definiciones
ha hecho de la verdad;
¡bien mereció mi humildad
sus arrogantes razones!
   ¡Vive Dios! que he de vengarme
como honrado caballero,
que de otra suerte no quiero
castigarle ni ausentarme.
   En fortunas semejantes
pensé tenerle afición.
¡Cuánto mudan la intención

                las palabras arrogantes!)
                   Señor don Juan, pues habéis
                mi pensamiento entendido,
                que habléis a su alteza os pido.

Padilla	Vos el efecto veréis.
Martín	(Mudado está de color.)
Juan	Esto tengo que deciros.
Padilla	Seguro podéis partiros de mi verdad y mi amor, que no solo en la licencia hablaré, que es justa paga, pero en que merced os haga.
Juan	Pues no sea en mi presencia. Adiós.
Padilla	Confiad de mí; mas oíd.
Juan	Decid.
Padilla	Yo iré y al rey se la pediré, y no será para mí.

(Vase don Juan de Aragón.)

Martín	Corrido va.
Padilla	Deso gusto,

                        que éste es todo fingimiento.

Martín   (Bien le diste con el cuento.)

Padilla   Con el hierro fuera justo.

(Salen el conde de Haro, don Enrique, don Pedro y el rey don Alfonso, [hablando aparte].)

Conde   La honra que le ha hecho vuestra alteza
                        justamente merece el de Padilla.

Enrique   Toda Valladolid, toda Castilla
                        celebra el premio de servicios tales,
                        que no se han visto en esta edad iguales.

Pedro   Sus partes son muy dignas, y tus premios
                        realzan el valor con que le honraste,
                        animando a servirte con su ejemplo.

Alfonso   En las virtudes de don Juan contemplo
                        las partes que han de dar a un hombre noble
                        fama inmortal, con gloria de su príncipe;
                        pero dejando algunas, ¿qué os parece
                        que ha de tener un noble caballero
                        para que goce de este ilustre nombre?

Conde   Señor, muchas convienen al que es hombre
                        de sangre y valor.

([Don Alfonso habla] alto.)

Alfonso   Don Juan, ¿no llegas?

Padilla	Pensé que con tan nobles caballeros
trataba algún secreto vuestra alteza.
Alfonso	Aunque lo fuera, en él tuvieras parte.
Padilla	Beso mil veces esos pies.
Alfonso	Tratábamos
de las que un hombre noble tener debe,
y en qué se ha de probar para saberse.
Padilla	¿Y qué dice, señor, el conde de Haro?
Que, fuera de tener ingenio claro,
tiene, como sabéis, larga experiencia,
que es en la guerra y paz la mejor ciencia.
Conde	El probar un caballero,
para saber si lo es,
está en dos cosas o tres,
que a dos reducirlas quiero;
que es el consejo y la espada.
Alfonso	Bien decís, porque se aplique
a guerra y paz; don Enrique
diga en qué partes le agrada.
Enrique	Un caballero perfecto
probara yo en la lealtad,
en una necesidad
y en saber guardar secreto.
Alfonso	¿Vos, don Pedro?
Pedro	Yo, señor,

	le probara en ser afable,
	humilde y comunicable
	en la fortuna mayor.

Alfonso   Y tú ¿qué dices, don Juan?

Padilla   Yo, señor, con mi ignorancia,
             ¿qué te diré de importancia,
             y más donde agora están
                 personas de tal prudencia?
             Pero puédese probar
             un alto en bajo lugar,
             en la templanza paciencia;
                 así en las letras divinas
             probó Dios a un hombre.

Alfonso   Bien.

Martín   ¡Que en cosas fáciles den
             personas tan peregrinas!
                 La prueba es fácil de hacer,
             pues solo ha de consistir
             en dar y no recibir,
             en pagar y no deber.

Alfonso   Aunque habéis dicho las cosas
             en que se puede probar,
             no fue mi intento llegar
             a virtudes generosas.
                 Y así por el voto mío,
             prueban de un noble el valor
             tres cosas.

Padilla   ¿Cuáles, señor?

Alfonso	Amor, pleito y desafío.
Padilla	Ya, según tu parecer, de las tres tengo las dos, amor y pleito, y por Dios que a no tener que temer, que todas tres las tuviera.
Alfonso	Y del pleito ¿cómo os va?

Padilla	Pienso que acabado está
	con la sentencia primera;
	   que don Juan por no cansarse
	en cosa tan conocida,
	me pide, señor, que os pida
	licencia para casarse;
	   que en doña Ana, a quien quería
	don Álvaro en tal edad,
	ha puesto la voluntad.

Alfonso	Doyle la licencia mía.
Padilla	Por él te beso los pies, y voy a darle las nuevas.
Alfonso	De buena gana las llevas.
Padilla	Mi amigo y mi deudo es.

(Vanse don Juan de Padilla y Martín.)

Alfonso	Buen caballero es don Juan.

Conde   Con justa causa te agrada.

Alfonso   Tiene humildad bien fundada.

Pedro   Bien tus favores lo están.

Alfonso   Creo que hacerse pudieran
          todas las pruebas en él.

Enrique   Es valiente y fiel,
          y con justa causa esperan
          más premios servicios tales.

Conde   Volvió el rostro la fortuna,
          que no hay firmeza alguna
          en condiciones mortales.

(Sale don Juan de Aragón.)

Juan   Aquí don Juan de Padilla
          me ha referido, señor,
          la gran merced que me has hecho,
          por quien mil gracias te doy;
          la licencia de casarme
          con doña Ana estimo yo
          por mi quietud y mi gusto,
          por mi aumento y por mi honor:
          pero es fuerza que te pida
          que antes de la ejecución,
          me la des para partirme
          a Aragón, que me escribió
          mi padre que el rey don Pedro
          quiere verme en Aragón,
          y yo vivir en mi tierra,

					pues ya de mí se olvidó
					la fortuna siempre varia,
					y tú de hacerme favor.

Alfonso			Don Juan, no hay otra fortuna
					que la voluntad de Dios.
					Ésta dispone a los reyes,
					que los accidentes no.
					Defectos en los vasallos
					les mudan la condición;
					éstos, yo estoy satisfecho
					que nunca los hubo en vos;
					linaje de ingratitud
					es quejaros de mi amor,
					porque os quiero como os quise,
					y os tengo en buena opinión.
					Si el rey don Pedro os estima,
					licencia, don Juan, os doy;
					y os daré, si queréis, cartas
					que abonen vuestro valor.

Juan			Quien ve la mar alterada
					y está a la orilla, señor,
					no yerra en volverse a tierra;
					así los peligros son.
					A los principios del daño
					vuelve la espalda el temor
					por no esperar los sucesos,
					que nunca fue discreción.
					Dadme a besar vuestra mano,
					que en vuestra gracia me voy
					donde os sirva sin envidia.

Alfonso			Dios os guarde.

Juan	Guárdeos Dios.

(Vanse. Salen Leonor y Martín.)

Martín	Mira que no has de turbarte en viendo al juez y al rey.
Leonor	Es en las mujeres ley inviolable en cualquier parte: no hay trabajo en que se vean donde les falte valor.
Martín	Pues va de lección, Leonor; tú verás cuán bien se emplean; haz cuenta que soy juez.
Leonor	Pues no te pongas tan grave, que el ánimo se me acabe, y me turbe alguna vez.
Martín	¿Cómo sucedió, decid puntualmente, este caso?
Leonor	Señor, mis padres, que fueron tan principales hidalgos, que por línea de varón descienden de Arias Gonzalo, me trujeron a criar a su casa en tiernos años de don Álvaro de Rojas.
Martín	Todo lo llevas errado. ¿A criar dices que entraste?

| | Pues si crías, ¿no está claro
que has parido, y que no puedes
pedir el doncellicato? |
|---|---|
| Leonor | A criarme con Beatriz
me trujeron, donde estando,
pasados algunos tiempos... |
| Martín | Adelante y sin turbaros. |
| Leonor | Una noche en mi aposento
don Álvaro entró, y cerrando
la puerta, [me] dijo amores. |
| Martín | Bien vas. |
| Leonor | Y me asió los brazos;
resistíme. |
| Martín | Llora agora. |
| Leonor | Resistíme, pero en vano,
que en fin... |
| Martín | Tápate los ojos
con el delantal, llorando,
y di ansí, mírame acá:
«En fin, el cruel tirano
me rindió, venció, violó.» |
| Leonor | Ése es terrible vocablo. |
| Martín | Finalmente haz cuenta agora
que yo soy el escribano, |

        esto el papel y la pluma,
        y que voy haciendo rasgos.
        «A la primera pregunta
        dijo que es de edad...»

Leonor   Despacio.

Martín   Pero no digas la edad,
         que aquí todas juráis falso;
         mas quítate diez u doce,
         que yo conozco un retablo
         de duelo, que con setenta
         juró antiyer treinta y cuatro.
         «A la segunda pregunta,
         dijo que estando rezando,
         en su aposento una noche
         la oración de los finados,
         entró el dicho, y a la dicha
         asió de los dichos brazos,
         y con los dichos amores
         el dicho doncellicato
         desapareció de allí,
         la dicha sin él quedando,
         y el dicho se fue.»

Leonor   ¿Qué dices
        tantos dichos?

Martín   Son los tantos
        del juego de los procesos.
        «Y que, en efecto, llorando
        esta confesante...»

Leonor   ¿Quién?

Martín	Tú, Leonor, está en el caso: «Ésta que declara», dijo.
Leonor	¿Quién es ésa?
Martín	Eres un mármol; siempre eres tú.
Leonor	Di adelante.
Martín	«Confesando o declarando, preguntada si sintió, algunos días pasados, bulto o hinchazón alguna, algún antojo o desmayo, respondió que se le habían antojado unos gazapos, que estaban en un tapiz, y en torreznos lampreados, los cochinos que guardaba el hijo pródigo, cuando...»
Leonor	¡Nuestros amos!
Martín	Echo polvos, y dejo el papel doblado.

(Salen don Juan de Padilla y doña Beatriz.)

Padilla	Oye, aunque no quieras.
Beatriz	No quiero escucharte.

Padilla   Pues háblame tú.
          Aunque aquí me mates,
          que si tú no quieres,
          mi vida, escucharme,
          yo te quiero oír
          y que tú me hables;
          dime, luz de esta alma,
          cuanto imaginares
          en ofensa mía
          con tal que descanses.
          Por mi Sol te tengo,
          no quiero guardarme,
          licencia te doy
          para que me abrases;
          abrasen, Beatriz,
          cuanto no te agrade,
          desde el alma al pecho
          tus ojos suaves;
          pero siendo nobles,
          ¿cómo por vengarte
          con ese capote
          villanos los haces?
          ¡Ay qué desatinos,
          quererme y matarme!
          Mal hayan los celos,
          bien hayan las paces.

Beatriz   Pues que ya me obligas,
          como necia, a darte
          gusto en que te riña,
          oye y no te canses;
          verás si fue justo
          que de ti me agravie:
          cuando yo pensaba

que supe obligarte,
yo te amé, Padilla,
como tú lo sabes,
cuando tú eras pobre,
pudiendo emplearme,
yo no digo en hombre
de más noble sangre,
pero con su gusto
de mi ilustre padre;
porque en Aragón
tuvo algún infante
deseos que fueron
principios de honrarme.
Fuístete a la guerra,
y en ausencias tales,
si mataste moros
resistí galanes.
No fuiste valiente
como yo en guardarme,
que flaqueza y fuerza
nunca son iguales;
moras me trujiste,
tocas y volantes,
de que hice galas
que me murmurasen.
Cuando allá te herían,
¡oh qué disparate!,
me sangraba luego,
pensando igualarte.
En Valladolid,
cuando tú llegaste,
puse en contingencia
mi honor con hablarte;
don Juan de Aragón

no pudo obligarme,
siendo caballero
de tan altas partes,
a que una palabra
ni aun cortés le hablase,
cuando me forzó
mi padre a casarme.
Esto, siendo pobre,
hice por amarte,
sufriendo entre golpes
palabras infames;
y tú cuando aspiras
a riquezas grandes
y alcanzan tus dichas
mercedes reales.
Hablas a mis ojos,
por desengañarme,
mujer que te adora
y que a mí me mate;
requiebros la dices
donde yo escuchase,
conmigo mentiras,
con ella verdades;
de suerte que, pobre,
riqueza buscaste,
y rico, hermosura.
Si puedes, bien haces;
doña Ana de Lara
merece que ensalces
agora valido
lo que en mí deshaces;
con su hermano Enrique
tratas amistades,
con el de Aragón

          engaños y paces;
          decir que se casa
          con doña Ana es darme
          celos con los tuyos,
          pero llegas tarde;
          que aunque yo supiese
          morirme o matarme,
          no tengo de verte,
          ni aun imaginarte,
          que desde hoy, Padilla,
          de mi alma sales.
          Y si te resistes,
          yo haré que te saquen.

Padilla   Castigo notable es éste
          de culpa que no he tenido.
          ¿Querrás, Beatriz, que tu olvido
          hasta la vida me cueste?
          Paciencia el amor me preste
          para sufrir tantos daños,
          nacidos de tus engaños.

Beatriz   Para los ojos, don Juan,
          tan difícilmente dan
          las mentiras desengaño[s].
             ¿Yo no te vi? Pues ¿qué quieres?
          ¿Yo no te oí? Pues ¿qué pides?
          Si el agravio al amor mides,
          verás que la culpa eres.
          Quejáisos de las mujeres
          todos los hombres, después
          que vuestra inconstancia es
          la que nos da la ocasión.

Padilla	¿Por ventura en Aragón tienes mayor interés? ¿Estarás arrepentida de dejar su gran riqueza?
Beatriz	Tu traición, no tu pobreza, don Juan, de tu amor me olvida. Ser solamente querida estimé, no regalada, y esta parte remediada con las mercedes del rey, era contra toda ley olvidar enamorada.
Padilla	Don Juan de Aragón se ha ido; ya el pleito, Beatriz, cesó, pues a doña Ana le dio la fe de ser su marido; yo propio, mi bien, he sido el que pidió la licencia; ¿qué temes ya de su ausencia que ofenda nuestra esperanza?
Beatriz	El deseo de venganza hace al amor resistencia; cuando con mi padre viste que doña Ana se casaba, a quien tan necia te amaba, arrepentido volviste. Agora también que fuiste por el de Aragón dejado, vuelves a mi amor pasado, de manera que he de ser para desprecios mujer

      y para olvido sagrado.
    No, don Juan, que un firme amor
también se sabe mudar,
si agravios le dan lugar,
o se ha de volver furor;
que le digas, es mejor,
a doña Ana estos concetos;
quizá servirán de efetos,
con que deje al de Aragón;
que forzar la condición
no son remedios discretos.

(Vanse doña Beatriz y Leonor.)

Padilla	¿Qué sientes de esto, Martín?
Martín	Que olvidar, señor, es fuerza; mas di ¿doña Ana se casa?
Padilla	O se casa o se concierta.
Martín	Luego ya no irá Leonor a referir sus endechas.
Padilla	Yo las haré a mis desdichas, si se hicieron para ellas; no tiene contento el mundo cabal.
Martín	Es una tragedia.
Padilla	Cuando Beatriz me quería, el rey no escuchó mis quejas, y cuando me hace favor

                el rey, Beatriz me de[s]precia.
                ¿Qué haré, Martín?

Martín   Olvidar.

Padilla   No podré.

Martín   Fingir siquiera.

Padilla   Ni aun fingir podré.

Martín   Sí harás,
para que rendida venga;
todo lo que hace contigo
son pruebas.

Padilla   ¡Qué fuertes pruebas!

Martín   Leonor me ha dicho que llora.

Padilla   ¿Por mí?

Martín   Por ti.

Padilla   Pues ¿qué intenta?

(Sale Tello, con un papel.)

Tello   ¡Qué descuidado estás de lo que pasa!

Padilla   No estoy de mis cuidados descuidado,
Tello, que siempre estoy con más cuidado.

Tello   Toda Valladolid está alterada,

	y tú ignorante en cosa semejante.
Padilla	¿Cuándo dejé de ser tan ignorante?
Tello	Estos rétulos han amanecido por todas las esquinas de las calles; mira si es bien que tus agravios calles.
Padilla	¡Por Dios, que el de Aragón me desafía para la raya suya y de Castilla!
Martín	Agora has de mostrar que eres Padilla.
Padilla	Basta que al irse puso estos papeles; no excuso ir, pero si el rey se queja, más deshonor que el desafío me deja.
Martín	Pide licencia al rey para seguirle.
Padilla	Dirán que la pedí para librarme; mejor es a perderme aventurarme.
Tello	No lo hagas, señor, que es grave yerro, pues el rey, que en efeto es rey tan sabio, no ha de querer tu deshonor y agravio.
Padilla	Pues vamos a cumplir con lo que es justo; que no hay más honra, vida, ni más leyes que el gusto y la obediencia de los reyes.

(Vanse. Salen el rey Alfonso, el conde de Haro y don Álvaro.)

Alfonso	Admirado estoy de vos, que en tal edad os caséis.

Álvaro   Gran señor, no os admiréis,
que no es flaqueza, por Dios,
  pues todo mi casamiento
solo en venganza se funda,
si dél impedir redunda
otro injusto pensamiento;
  tal es la desobediencia
de doña Beatriz.

Alfonso   ¿Qué ha sido
la causa por que ofendido
estáis de su resistencia?

Álvaro   El tenerla yo casada
con don Juan de Aragón,
por mandado vuestro.

Alfonso   Son
culpas que no importan nada;
  porque don Juan me engañó,
y yo me enojé con él,
y vos fuistes más cruel
de lo que ella os ofendió.
  Fuera deso, o se ha partido
o se parte, y no es razón
que tengáis en Aragón,
siendo don Juan su marido,
  una hija que tenéis
y la casa que heredáis;
pero ¿con quién os casáis?

Álvaro   Bien la prenda conocéis.

Alfonso	Si es doña Ana, ya doña Ana es del de Aragón mujer.
Álvaro	No puede ser.
Alfonso	Puede ser, y que acierta es cosa llana, mejor que en casar con vos; dad Beatriz a Padilla, que no hallaréis en Castilla hombre más noble, por Dios.

(Salen don Juan de Padilla y Martín.)

Padilla	Deme los pies vuestra alteza.
Alfonso	¡Don Juan!
Padilla	Ya puedo, señor, decir que tengo valor, si es prueba de la nobleza amor, pleito y desafío; desafío me faltaba, que pleito ya me sobraba después de tanto amor mío; esta noche se han fijado estos carteles, señor, en Valladolid.
Alfonso	¿Su autor?
Padilla	Él mismo los ha firmado.

(Lee el rey.)

Alfonso	«En la raya de Castilla, las armas a su elección, un mes don Juan de Aragón espera a Juan de Padilla.»
Padilla	¿Qué decís del valor mío?
Alfonso	Que aun no le tenéis ganado, que no es haberle probado que os llamen al desafío.
Padilla	Tenéis, gran señor, razón, y así con vuestra licencia haré luego diligencia para partirme a Aragón.
Alfonso	No podéis, en ley de hidalgo ni caballero, excusar el desafío en lugar tan seguro.
Padilla	Al punto salgo, y mil veces, gran señor, os beso por la licencia los pies.
Alfonso	Siento vuestra ausencia, y de vuestro gran valor, don Juan, la victoria fío.
Padilla	Que me habéis de honrar espero, si es prueba de un caballero amor, pleito y desafío.

(Vase.)

Alfonso   Conde.

Conde   Señor.

Alfonso   No he podido
esta licencia excusar,
aunque me pesa.

Conde   Fue dar
a don Juan lo que es debido
a un noble por justa ley.

Alfonso   El de Aragón me ha enojado,
habiéndole yo mandado
lo contrario.

Conde   Sois su rey;
pero dirá que el amor
o el honor le dan disculpa.

Alfonso   No le reservan de culpa
conde, el amor ni el honor;
que no sacase la espada
le mandé; si no es partido,
prendelde.

Álvaro   Si has concedido
con voluntad declarada
al de Padilla el salir,
¿cómo pones en prisión
al de Aragón?

Alfonso	La ocasión
es muy fácil de advertir;
no cumpliera con su honor
don Juan, si no se la diera,
pero, pues al que le espera
puse pena de traidor,
puédole agora prender,
y así volverá a Castilla
con su honor el de Padilla.
Álvaro	¿Quién como tú pudo ser
árbitro en esta ocasión?
Conde	¿Si estará en Valladolid?
Alfonso	Conde, si es ido partid,
no se os entre en Aragón.

(Vanse. Salen don Juan de Padilla y Martín.)

Padilla	No pensé que me la diera.
Martín	¿Cómo pudiera negarla
si debe estimar tu honor?
Padilla	Tócame escoger las armas,
y es bien llevarlas de aquí.
Martín	Elige las que te agradan,
pues en todas eres diestro.
Padilla	Las de la capa y espada
son buenas en desafíos

	que se hacen de hoy a mañana,
	pero en cosas prevenidas
	y que han de ser en la raya
	de Castilla y Aragón,
	más armas son necesarias.
Martín	Sí, porque de entrambos reinos
	yo te aseguro que salgan
	dos mil personas a veros;
	no hay caballero en España
	que tenga más opinión
	del encuentro de la lanza;
	que ni cristiano en Castilla
	ni moro andaluz se alaba
	que la pueda resistir.
Padilla	En ésta llevo fundada
	la vitoria.
Martín	Justamente;
	si bien no es menos la fama
	de don Juan el de Aragón.
Padilla	Después de aquésta, la espada
	dará fin al desafío.
Martín	Tú llevas justa esperanza,
	que Dios tu razón ayude.
	Basta, señor, que dos damas
	se han apeado de un coche
	y te buscan rebozadas.
Padilla	¿Damas a mí?

Martín   Y a buen tiempo.

(Salen Leonor y doña Beatriz, con mantos.)

Padilla   Reinas, descubran las caras,
que andamos de pesadumbre,
y puede ser que las traigan
más traidoras que leales.

Martín   Bien puestas vienen de faldas,
pero puede ser que arriba
cubra el nublado la barba.

(Descubre cada uno la suya.)

Beatriz   ¿Dónde de esta suerte v[a]s?

Padilla   ¡Señora!

Beatriz   Yo soy; ¿qué miras?

Padilla   ¿No he de mirar, si me admiras,
lo que no pensé jamás?

Beatriz   Bien dices, no pude más,
porque no hay fuerza de honor
que se resista al rigor
de una tan breve partida.

Padilla   Quitádome habéis la vida
con tales muestras de amor;
  el partirme aborrecido
por más ventura tuviera,
pues es cierto que venciera

             quejoso de vuestro olvido;
             la dicha de ser querido
             dará vitoria al contrario,
             y así fuera necesario
             partir en desgracia vuestra.

Beatriz   Ésta, si bien de amor muestra,
             es ira del tiempo vario;
                forzando mi voluntad,
             don Juan, a verte he venido,
             si bien confieso que ha sido
             más locura que lealtad;
             pero tratando verdad,
             que lo demás es mentira,
             amor que te adora aspira
             a que entiendas de qué suerte,
             cuando he llegado a perderte,
             se trueca en piedad la ira.
                Bien pudieron mis recelos
             de mis ojos dividirte,
             pero llegando a partirte,
             venció mi amor a mis celos.

Padilla   No lloréis, hermosos cielos,
             que me dobláis los enojos,
             o contadme por despojos
             del de Aragón, si lloráis,
             mirad que muerte me dais,
             y le dais vida, mis ojos.

Beatriz   Si no me llevas contigo,
             ya que es fuerza tu partida,
             hoy será el fin de mi vida.

Padilla	Si yo te llevo conmigo, / doy por muerto a mi enemigo, / pues le puedes abrasar / solamente con mirar; / pero no quieran los cielos / que le mates con mis celos, / pudiéndole yo matar.
Martín	Cesa, Leonor, de sentir / mi ausencia, por amor mío.
Leonor	Si sales al desafío, / yo me tengo de morir.
Martín	¿Puedo dejar de salir / donde sale mi señor?
Leonor	Y ¿has de reñir?
Martín	Sí, Leonor, / que ya me ha desafiado / del de Aragón un criado.
Leonor	Desmayaréme de amor; / pero mientes, que yo sé / que los dos solos serán.
Martín	Yo he de ayudar a don Juan / por justa lealtad y fe.
Leonor	Guárdate que no te dé / el caballo alguna coz, / que herido estarás feroz.

Martín	Basta, que das en pensar que yo no he de pelear.
Leonor	Baja, mis ojos, la voz.
Padilla	Señora, en el ir conmigo hay grande dificultad.
Beatriz	Si amor es facilidad, yo la tengo en ir contigo.
Padilla	Pues ¿cómo irás?
Beatriz	Yo te digo que no me falte ocasión.
Padilla	Ea, vamos a Aragón.
Beatriz	Si una vez llega a querer, ¿cuándo ha faltado a mujer para su gusto invención?
Padilla	Martín.
Martín	Señor.
Padilla	Mi partida apresta con brevedad.
Martín	Ya no habrá dificultad, como Beatriz no te impida.
Padilla	Si la llevo, ¡ay de la vida de don Juan!

Martín ¡Qué dos espadas!

Padilla Ven, pues de venir te agradas.

Beatriz Si voy, yo le mataré.

Padilla Sí harás, mas dirá que fue
con armas aventajadas.

(Vanse. Salen el conde de Haro, don Pedro y don Enrique; traen preso a don Juan de Aragón, con quien viene doña Ana, disfrazada.)

Conde Habéis de perdonarme,
que fue mandado de su alteza.

Juan Creo
que no podrá culparme
quien sabe qué es honor.

Conde Mi buen deseo
tenéis tan conocido,
que pienso que estaréis agradecido.

Pedro Nadie como su alteza
sabe lo que es honor de un caballero;
fiad de su grandeza
que no os impida el castellano fuero
si viere que hay agravio.

Juan Así lo espero yo de un rey tan sabio.

Enrique ¿Y a mí por qué me prende
su alteza?

Conde	Porque vais a acompañarle.
Enrique	Pues esto ¿en qué le ofende?
Conde	Esa razón podéis agora darle, por en tales sucesos es bien que aun los criados vengan presos.

(Salen don Juan de Padilla, Martín, de camino, y doña Beatriz, disfrazada.)

Martín	En palacio han entrado.
Beatriz	Y yo digo que el conde le traía preso.
Martín	El rey lo ha mandado, por excusar alguna alevosía, pues era cierto el daño de hacerte en el camino algún engaño.
Padilla	En tales caballeros, necio, no puede haber engaño o fuerza, y él por los mismos fueros de entrambos reinos la batalla esfuerza de aqueste desafío.
Beatriz	Parece que le impide el amor mío.
Padilla	Hasta ver lo que es esto no me podré partir.
Martín	Ya se partía el de Aragón, dispuesto

	a la batalla que contigo hacía, cuando llegó el de Haro.
Padilla	¿Si le quieren prender?
Martín	Pues ¿no está claro?
Padilla	No, que me dio licencia.
Beatriz	No disputéis de este milagro agora, que amor, en competencia de mi temor, le ha hecho.
Padilla	Pues, señora, ¿teméis que me venciera?
Beatriz	Don Juan, si yo no amara no temiera.

(Salen don Álvaro y el rey Alfonso.)

Álvaro	Ya el conde le trujo preso, que en Valladolid estaba previniendo la partida.
Alfonso	Conde.
Conde	Entre lanzas y espadas hallé a don Juan de Aragón y a don Enrique de Lara, con las postas a la puerta.
Juan	Dicen que prenderme mandas; tu gusto es ley, pero yo, gran señor, no hallo causa

                de ofensa en mi obligación.

Alfonso   Don Juan, quien de hacerlas trata
siempre alaba su inocencia
y disculpa su arrogancia;
que amor os diese ocasión
al pleito, ya tiene tanta,
que no os quiero poner culpa
si en ley de amistad se engaña;
pero a vos y al de Padilla
mandé no tomar las armas,
pena de traición; decid
si tiene el prenderos causa,
pues le habéis desafiado
públicamente a la raya
de Castilla y Aragón,
amaneciendo en las plazas
de toda Valladolid,
siendo vos el que le agravia,
carteles contra don Juan.

Juan   Señor, cuando yo tomara
las armas sin ocasión,
mereciera tu desgracia;
la que tuve, cuando fuese
obligación, sabré darla,
pues aunque en ausencia sean,
son agravios las palabras.
Tú mandaste al de Padilla
y a mí no sacar las armas
mientras que durara el pleito;
y así, mientras él duraba,
se cumplió tu mandamiento;
luego la disculpa es clara,

	y que es justo el desafío, conforme el fuero de España.
Alfonso	¿Cómo sabré yo que el pleito se acabó?
Juan	Porque doña Ana es mi mujer, que no quiero, con desprecios y mudanzas, apelar de la sentencia.
Álvaro	Señor, la disculpa es llana, y aunque yo quejarme puedo de que doña Ana me agravia, ella sabe que eran burlas entre los dos concertadas, por dar pesar a Beatriz.
Alfonso	Para que yo no quedara con sospecha en las disculpas, que a veces sin parte engañan, quisiera que el de Padilla a conferirlas se hallara; pero pidióme licencia y partióse esta mañana a la raya de Aragón.
Martín	(Llega, ¿de qué te acobardas?)
Padilla	Deme su alteza los pies.
Alfonso	¿Es don Juan?
Padilla	Cuando tomaba

| | postas con licencia tuya
en defensa de mi fama,
un caballero me dijo
que el conde de Haro llevaba
preso a don Juan de Aragón;
pues si tú prenderle mandas,
¿cómo me mandas a mí
que al desafío me parta?
¿Con quién le tengo de hacer?

Alfonso   Mandéle que no sacara
las armas durante el pleito
que de su prisión fue causa;
dice que ya se acabó
y se casa con doña Ana,
con que yo estoy satisfecho.
A lo que de vos se agravia,
vos podéis satisfacer,
que a su noble sangre y casa
debéis dar satisfacción.

Juan   Palabras de ausencia engañan;
diga don Juan si las dijo.

Padilla   Hombres como yo no hablan
de sus enemigos mal,
que es propio de gente baja.

Alfonso   Basta, don Juan de Padilla,
que yo tomo en mi palabra
real el honor de entrambos;
y a vos, porque entienda España
que salís del desafío
como es justo y en mi gracia,

	os doy título de conde.
Padilla	Yo os beso por merced tanta los pies; pero si merezco vuestra gracia y hoy se acaban las enemistades nuestras, dalde a don Juan, pues se casa con mi prima, gran señor, el título que me daban esas manos generosas.
Alfonso	Yo se lo doy si doña Ana en el casamiento viene; traed, Enrique de Lara, a vuestra hermana.
Enrique	Yo voy.
Ana	No vais, que aquí está doña Ana y se tiene por dichosa.
Alfonso	Don Álvaro, solo falta que dejéis ya la porfía.
Álvaro	Lo que vuestra alteza manda es justo; voy por Beatriz.
Beatriz	No vais, que en esta jornada acompañaba a don Juan.
Martín	Leonor, pues todos se casan, dame esa mano amorosa, y advierte que no sea falsa, aunque sabes jurar falso.

Leonor	¿Enséñasme y dasme vaya?
Alfonso	Daos las manos y los brazos.
Padilla	Aquí, senado, se acaban Amor, pleito y desafío, si perdonáis nuestras faltas.

Fin de la comedia

Libros a la carta

A la carta es un servicio especializado para
empresas,
librerías,
bibliotecas,
editoriales
y centros de enseñanza;
y permite confeccionar libros que, por su formato y concepción, sirven a los propósitos más específicos de estas instituciones.
Las empresas nos encargan ediciones personalizadas para marketing editorial o para regalos institucionales. Y los interesados solicitan, a título personal, ediciones antiguas, o no disponibles en el mercado; y las acompañan con notas y comentarios críticos.
Las ediciones tienen como apoyo un libro de estilo con todo tipo de referencias sobre los criterios de tratamiento tipográfico aplicados a nuestros libros que puede ser consultado en Linkgua-ediciones.com.
Linkgua edita por encargo diferentes versiones de una misma obra con distintos tratamientos ortotipográficos (actualizaciones de carácter divulgativo de un clásico, o versiones estrictamente fieles a la edición original de referencia).
Este servicio de ediciones a la carta le permitirá, si usted se dedica a la enseñanza, tener una forma de hacer pública su interpretación de un texto y, sobre una versión digitalizada «base», usted podrá introducir interpretaciones del texto fuente. Es un tópico que los profesores denuncien en clase los desmanes de una edición, o vayan comentando errores de interpretación de un texto y esta es una solución útil a esa necesidad del mundo académico.
Asimismo publicamos de manera sistemática, en un mismo catálogo, tesis doctorales y actas de congresos académicos, que son distribuidas a través de nuestra Web.
El servicio de «libros a la carta» funciona de dos formas.
1. Tenemos un fondo de libros digitalizados que usted puede personalizar en tiradas de al menos cinco ejemplares. Estas personalizaciones pueden ser de todo tipo: añadir notas de clase para uso de un grupo de estudiantes, introducir logos corporativos para uso con fines de marketing empresarial, etc. etc.

2. Buscamos libros descatalogados de otras editoriales y los reeditamos en tiradas cortas a petición de un cliente.

www.ingramcontent.com/pod-product-compliance
Lightning Source LLC
LaVergne TN
LVHW041256080426
835510LV00009B/762